教 育 经 典 译 丛

重新发现教学

The Rediscovery of Teaching

［荷］格特·比斯塔 / 著

赵 康 / 译

北京师范大学出版集团
BEIJING NORMAL UNIVERSITY PUBLISHING GROUP
北京师范大学出版社

一个作为主体而存在的学生，能够无须占据世界中心而生活在世界之中。

——菲利普·梅里厄 (Philippe Meirieu, 2007, p.96)

教育的视界

——在比较中西、会通古今中
发展中国教育学

梁启超 1901 年指出：中国自 19 世纪开始即进入"世界之中国"阶段。这意味着中国与世界相互交织，化为一体。

王国维 1923 年进一步说道："余谓中西二学，盛则俱盛，衰则俱衰。风气既开，互相推助。且居今日之世，讲今日之学，未有西学不兴而中学能兴者，亦未有中学不兴而西学能兴者。"这意味着中西二学相互交融，盛衰一体、兴废一体。

困扰中国社会发展的"古今""中西"问题始终相互影响。倘不能处理好"中西"问题，忽视"西学"或"西体"，则必然走向"中国文化本位论"，进而不能处理好"古今"问题，中国实现现代化与民主化断无可能。倘不能处理好"古今"问题，忽视中国文化传统或"中学""中体"，则必然走向"全盘西化论"，由此不能处理好"中西"问题，中国文化会深陷危机，中国现代化与民主化会成为无源之水、无本之木。

因此，中国教育理论或教育科学的繁荣必须坚持"比较中西、会通古今"的方法论原则。这至少包括如下内涵。

第一，国际视野。我们要取兼容并包的态度，敞开心扉，迎接世界一切先进教育理论进入中国。我们要对这些教育理论进行翻译、研究、吸收并使之"中国化"。我们要形成教育研究的国际视野：这包括价值论上的"世界主义"胸怀；知识论上的多重视角观，学会以人观人、以人观我、以我观人、以我观我，在视角融合和复杂对话中发现教育真理；方法论上的深度比较法，防止简单翻译、机械比附或牵强附会，要上升到文化背景、历史发展和价值取向层面去理解教育问题。

第二，文化传统。我们要珍视中国智慧传统，它不仅构成了中国文化，而且是世界文明不可或缺的组成部分。我们要将中国智慧传统植根于中国社会和历史情境，真诚对待并深刻理解，防止"厚今薄古"或"以今非古"的肤浅之论。我们要基于中国与世界的现实需求和未来趋势，对中国智慧传统进行"转化性创造"，使之脱颖而出、焕发生机。我们要基于中国智慧传统理解教育实践、建构教育理论，须知，"中国教育学"唯有基于中国智慧传统方能建成。我们要充分继承五四运动以来中国教育启蒙和教育民主化的宝贵传统，须知，"中国教育学"以实现东方教育民主为根本使命。

第三，实践精神。我们要始终关切实践发展、参与实践变革、解决实践问题、承担实践责任，须知，教育实践是教育科学的源泉。我们要把发展实践智慧作为教师解放和教师专业发展的核心，让教师成为"反思性实践者"。我们要成为每一个学生的真诚倾听者，通过倾听学生而悦纳、理解和帮助学生，最终实现每一个学生的个性自由与解放。

国际视野、文化传统与实践精神的三位一体，即构成"中国教育学精神"。践履这种精神是中国教育学者的使命。

是为序。

张华

于沪上三乐楼

中文版序言

为什么教学应该被重新发现、恢复和归还

格特·比斯塔

在《重新发现教学》中，我论证了教学需要被重新发现，需要被恢复和需要被归还。在此书的中文版序言中，我想概括写此书的一些主要原因，并总结我在书中讨论的主要论题和议题。

教学和教师的双重消失

我对重新发现教学的论证，一部分原因是为了回应持续存在的教育的"学习化"倾向（Biesta，2010）。也就是说，我是为了回应把所有关于教育的事情都从学习的角度来重新界定的现象。比如，把学生称为学习者，把学校称为学习环境或学习之地，把成人教育称为终身学习，以及把教师视为学习的辅助者等等。从教学到学习的转换已经不仅仅影响了教育的**语言**，而且也冲击了教师的**角色**、**地位**甚至是**身份认同**。此处，我们看到教师从"讲台上的智者"转变为"旁侧的辅助者"，并且根据一些人的说法，甚至转变为"后排的同伴"——教师作为一个学习共同体中的学习者的一员，（几乎）与他们的学生不可区分。一些人把教师的这个转变地位视为值得向往的，并且乐于把教师移向这个地位；或者作为教师，乐于把他们自

已移向这个地位。另一些人则视其为一种损失，但是挣扎于找到一个有意义的回应，而不是把教师还给"中央讲台"，可以这么说。

本书力图对这个状况有所干预，但不只是回应教学和教师的边缘化，而且是回应最近出现的一些发展趋势——那些趋势看起来像是对教师的回归大加颂扬。比如，最近一些出自经济合作发展组织、世界银行和麦肯锡咨询公司的文件论述指出，教学是**重要的**，因为研究已经明显表明，教师在生产学习结果过程中是最为重要的因素，而学习结果恰恰被那些组织强调为是重要的。但是，我并没有把这个看成教学和教师的复兴，而是倾向于不同的看法。我既不认为教师是一个**因素**，也不认为教育是有关**生产**的事情，而且我对在这些讨论中似乎被看重的"学习结果"的有效性表示质疑，如果这个用语具有意义的话。在我看来，把教师看成生产线上的因素，是贬损教师专业主义的完整性，而不是提升它的一种路径。

从教学作为控制到学习作为自由？

在上述发展的背景中有一个讨论。这个讨论可以回溯到保罗·弗莱雷对"存储式教育"的评论，即这样一种教育模式：学生变成了需要被教师"填充"的"容器"，并且教学成为"存储的行动，其中学生是存储器，而教师是存储者"（Freire，1993，p.53）。这里重要的是要看到弗莱雷的评论**不是**"存储"依赖于学习缺失理论，而是在存储式教育中，学生只能呈现为教师行动的**客体**，而不是靠其本身作为**主体**。当教学执行为一种形式的**控制**时，这就成了问题。保罗·

弗莱雷批判的教学种类就有这样的问题，正如在生产"学习结果"过程中对教师作为重要"因素"的当代"热情"所含有的问题。

因此，这里的情况似乎是，如果我们对这样的可能性抱有兴趣，即学生靠他们自己成为主体，而不是刻意行为和干预行为下的客体，那么，教学就会是走向这些理想的绊脚石。如果一些人，比如弗莱雷，把教师视为主要的过错者，另一些人则甚至论证教育"规划"是成问题的且应该被抛弃——这一主张特别是由 20 世纪 60 年代的德国出现的反教育运动（Anti-Pädagogik）所提出。

尽管当代教育的学习化来自多种不同的发展，而且这些发展之间有局部关联性（详细讨论见 Biesta，2010），在朝着学习者和学习的转变中，一种论证思路提出，教学限制学生的自由，而学习则为学生提供了自由的机会以及在教师控制之外实行自由的机会。这就是为什么教学——我们现在经常听到的"传统教学"——被视为是有问题的、过时的和"过去的"，而学习则被视为是当代的和"将来的"。

在这本书中，当我指出我的重新发现教学的努力可视为"为了一个保守观念的进步主义论证"时，我的意思即这恰恰是以当前情境为背景的。在这个情境中，教学已经被定位在该范围的保守主义一端（作为我们应该当避开的老派事物），而学习则被定位在该范围的进步主义一端。在书中，我所提出的一个简单问题是，这种对教学和学习的定位是否是必要的和不可避免的（更简单地说：教学是否等同于控制，学习是否等同于自由），或者这些定位需要被重新思考。

以不同的方式思考自由：从孤立状态到对话中的状态及被言说的状态

我在书中呈现的论证的主要步骤是，如果我们把自由想成"主权"，即如同汉娜·阿伦特（Hannah Arendt，1977）所写到的那样，对自由的理解，就是"从外面"而来的影响和限制的完全消失（哲学家称其为"消极自由"，见 Berlin，1958），那么，教学就仅仅是对学生自由的一种限制。我认为这种对人的自由的理解是简单而天真的；并且我主张"我们的存在"作为我们生命的主体，而不是别人想从我们这里获取的客体，恰恰**不是**脱离我们之外的任何事与任何人，而是关于我们持续地与他者处于"对话"的状态中。

因此，我在本书中提出的问题是：如果我们开始于这样的观念，即我们的主体状态不是由内而外构成的（比如由我们的需要或欲求，或者由我们的意图或意义建构的行动而构成），而是由外而内浮现的，作为一种回应，指向对我们言说的言说者、对我们讲话的讲话者，呼唤我们的呼唤者，并通过这些，把我们**呼唤出来**，把我们呼唤到存在中来，呼唤到世界中来。因此，我在书中主张，对于这种由外而来的讲话，适合它的名字是**教学**。我在书中力图去重新发现的，正是教学这个观念的重要性，并且，更具体而言，正是这个与"被教"的经验相遇的重要性。

本书的五章论证

我在书中以五个步骤发展我的论证。第一章名为"教育的任务是什么"。我在其中提出教育的"工作"不是(或者并非特别是,或者并非从根本上是,或者并非最终是)让学生学习,而是在他们的内在唤起一种想要以**主体**而存在于世界的欲望。我把"个体作为主体的存在"描述为"成熟特性"(grown-up-ness)——一个诚然是尴尬的用语。这并不是为了主张我们的主体存在是一个关于发展和成熟的问题,而是为了表示作为主体而存在的含义的某个"特性"。

以成熟的方式存在,是力图不单单以追求自己的欲望的方式来过自己的生活,而是不断地追问自己我们所欲求的是否是我们应该欲求的;是否,以何种方式和以何种程度,我们的欲求将会帮助我们或阻碍我们好好地过我们的生活,我们与他者在一起的生活,并且在我们这样一个星球上——它只有有限的空间来实现我们可能欲求的所有事物。作为主体而存在,或者,更好地说,力图作为主体而存在,因此是关于存在于世界从而与他者处于对话中,而不必是在世界的中心思考和把我们自己置于世界的中心。

在第二章,我提出的问题是我们如何把教学从学习中解放出来。我提这个问题,不仅是质疑在现代教育话语和实践中可发现的教学与学习的联结过于强烈和过于排他。我指出这常常看起来像是教与学已经成为一个词了(teachingandlearning)。我提这个问题还因为,我认为对学习的当下强调冒了一种危险,这就是把学生置于了世界的中心。尽管在我们生活中的确有学习的一个位置,因而在教育中也有学习的一个位置，但是我论述学习不是我们人类存在的全部，而仅仅是我们能存在于世界和与世界共在的多种方式中的一种。因此，我提出教育具有为学生打开**其他**存在机会的任务——超越学习的那些存在主义的机会。值得关注的是，正如我通过讨论一些关于我自己的教学经历所揭示的那样，只有在我们特意把学习从教学中抽离时，如果我们"悬置"学习的话，这种机会的重要性才会显现——因此，这一章的题目名称为"让教学从学习中解放"。

作为人类我们是否首先是意义建构的存在者？通过提出这一问题，第三章以更多细节追寻了这个思路。用更为哲学的用语说，即是否我们的意指（signification）能力处于自我的中心，并且是我们来到世界的方式。我把意指看成学习的一个重要维度——在那里，我们力图理解我们"之外"的自然世界和社会世界，在那里，我们力图理解世界——而且我聚焦于意指，因为它在学习的建构性构想中发挥一个重要角色。那些构想已经极大地促成从教学到学习者及学习的转向。

通过细读伊曼纽尔·列维纳斯（Emmanuel Levinas）的著作，我探索了与以上思想相反的思想——用齐格蒙·鲍曼（Zygmunt Bauman）的有益用语来表述——道德是"自我的首个实在"。这并不意味着我们首先是道德存在者。这个观点更具存在主义，因为只有当我们遇到（一个）责任时，我们才会意识到**我们**在那个处境中是重要的，**我**在那里是重要的；换句话说，我们拥有一种自由，让我们去接受这个责任，去回应这个责任，或者离开这个责任。我们"之外"

的某人或某物呼唤我们（我们可以称其为"被教"的时刻），那一时刻是我们的主体状态"产生作用"的时候，并在那里，我遇到了世界，遇到了我与世界的关系中的我自己。因此，列维纳斯帮助我们看到另一种的可能性：在那里教学不是"我"作为主体而存在的一个障碍，而恰恰是产生它的机会。

在第四章，通过讨论教育与解放的关系的三种"立场"，我继续沿着这一思路前行。此处，我从批判教育学思想、保罗·弗莱雷（Paulo Freire）的作品和雅克·朗西埃（Jacques Rancière）的作品发起了讨论。这个讨论围绕批判教育学核心的矛盾展开，即一种解放他人的理想。这种理想认为有一种力量阻碍人们对他们自己的社会条件拥有一个准确理解，而解放者就是要提供给人们关于这种阻碍力量的知识。具有批判意识的教师于是把这种知识授予他的学生，从而让他们自由，但是，这样做的同时，也遭遇到了教育困境，即教师在把自由"给予"学生的同时，也以这种方式依然"控制着"学生。

保罗·弗莱雷作为批判传统中的一位作者敏感地意识到这个困境。他对问题的解决是消除教师（正如他所提到的，克服"学生—教师矛盾"），并且把教育变为一个联合的实践，一个"学生—教师"和"教师—学生"联合产生知识的过程。在力图带来解放的教育中，尽管看起来弗莱雷对消除教师这一做法提供了进一步的论证，但是朗西埃则采取了相反的路径。朗西埃把解放与知识脱离开来，但却为教师保留了一个关键的角色。这就是"无知"的"解放型教师"的思想。这并不意味这种教师什么都不知道，而是这种教师不运用关于他/她对学生的了解而去解放他们。这位"无知的教师"所做的，一遍又一遍地，是提醒他/她的学生，他们是主体，他们必须过自己的生活，并且不能把这个责任转移给其他任何人。

在书的第五和最后一章，我放大了这种"教学"姿态，提出关注学生的主体状态的教学，需要持续地"参照"这种主体状态，需要持续地靠近学生，**好像**他或她就真正是一个主体。因为只有这样做，学生走向他们的主体状态的方式，他们在世界上和与这个世界的成熟性存在，才能够打开和保持打开。当父母与他们新生的婴儿说话时，他们就是在这样做，而这并不是因为他们想刺激孩子的语言发展，而是因为他们在与一个作为主体的婴儿相遇。

如果教师对解放感兴趣，他们需要持续创造各种方式来做相类似的事情。但是，如果我们只是盯着我们面前的事实(关于学生素质和能力的实证信息、诊断数据)，那么前面提到的那种做法看上去像"期望不可能的事物"，就像那一章的题目所表达的。"不可能的事物"，与此时此地的事物相背而行(比如，信任孩子但并不知道他们将会用我们的信任做什么)，并不是问"什么是**不**可能的"，而是关于从此时此地什么不能被预见为一种可能性，但却是我们所持续希望的：学生作为主体的"来临"，在世界中而不是世界的中心。

把教学归还给教育

随着以上论述的进展，我最终寻求把教学归还给教育，但这与把教育归还给教师的理想非常不同。我的目标是揭示教学不会自动或必然是学生自由和主体状态的对立面，而学习也不自动就是这种自由的表达。但是，与教学的相遇，与"被教"经历的相遇，为走向以成熟方式存在于世界但无须是世界的中心，提供了一条重要路径。我所寻求的还给教师的事物和还给更广义的教育的事物，正是带有这种意识而进行的教学。

我意识到这本书是在一个特定的语境中写就的，而且是与一批特定文献的对话。涉及的地理环境处于西欧，并且我们不应忘记在第二次世界大战之后，这片区域的经济、社会和思想发展已经强烈受到盎格鲁—美洲世界的影响。从思想上来说，我是在与这个语境中的思想家对话，并且除了保罗·弗莱雷和来自北美的教育思想家，我对话的许多教育学家和哲学家来自欧洲国家。但总体上，我不能否认这本书具有强烈的欧洲"气息"。

这意味着本书中的论证和思想只是和这个语境有关吗？这个问题一部分是要靠读者来回答，但是我的确认为在过去十多年来，教育思想和实践已经变得更具全球性，并且在书中发挥关键角色的几个趋势在世界许多国家都很流行，包括中国。朝着"学习"转向是这些发展中的一个。把教师重新定义为一个学习"辅助者"是另一个发展。每个人都应该成为"终身学习者"的要求已经是全球性的事情。但同时，整个教育测量产业，以及力图产生最为有效"干预"的证据的研究从而产生特定"学习结果"，都已经成为一个全球性的现象。就此而言，我的确认为这本书所说的是一个更广阔的语境，而不仅仅是西欧地区。我希望这本书中的思想也可以在中国语境下是有意义的，并且也能够为教师和教学的有意义的角色、地位及其重要性之理解提供理由。

参考文献

Arendt，H. (1977) *Between Past and Future：Eight Exercises in Political Thought*. Harmondsworth：Penguin Books.

Berlin，I. (1969[1958]). *Four Essays on Liberty*. Oxford：Oxford University Press.

Biesta，G. J. J (2010). *Good Education in an Age of Measurement：Ethics，Politics，Democracy*. New York：Routledge.

Biesta，G. J. J. (2017). *The Rediscovery of Teaching*. New York：Routledge.

Freire，P. (1993). *Pedagogy of the Oppressed. New，Revised 20th Anniversary Edition*. New York：Continuum.

Meirieu，P. (2007). *Pédagogie：Le Devoir De Résister*. [*Education：The Duty To Resist*.] Issy-les-Moulineaux：ESF.

目　录 /

/致　谢/

　　这本书是我曾描述的三部曲之后的第四本专著。那套三部曲由《超越人本主义教育》(2006)、《测量时代的好教育》(2010)和《教育的美丽风险》(2014)组成。正如把那套书指称为三部曲会有风险——暗示某种已经完成的感觉——在那套书之后添加第四个题目，也会有某些风险，还有一点讽刺意味。这里的主要问题在于，到目前为止，除了在我已有作品中说过的那些内容，我是否还有新内容要说。当然，这样的判断，完全取决于读者。在我的自我辩护中，我唯一能说的是，我对学习话语的评论(《超越人本主义教育》)，对全球性测量产业给教育带来冲击的评论(《测量时代的好教育》)，以及对使教育完全免受风险的欲望的评论(《教育的美丽风险》)，需要一个关于教学和教师之重要性的强烈而清晰的论述来加以补充。

　　对这样的论述，有重要的**学术**原因，我在后面几章会做出概述；同样，它还有重要的**教育**原因，我也会广泛地进行讨论。但是，围绕所有这些的是重要的**政治**原因让我展开对教学和教师支持的论述。当前教育政策的发展尤其是重要原因，因为它们似乎失去了对教师和教学的兴趣。这个断言听起来颇为引人注意，因为按照众多政策文献所持续重申的，教师是教育过程中最有影响力的因素。但是，有关这个主张，我发觉问题在于，甚至在某种意义上可以反对的是，它把教师简化到一个**影响因素**的地位，即显现在数据分析中的一个变量，而且这样的数据是关于一套少量可测量的、看似"有价值"的学习结果。在我看来，这根本不是支持教学和教师重要性的理由，而更多的是对教学和教师的一种"大不敬"。当前大量教师受制于一种思维，使他们的薪水、职业生涯和生计取决于他们能够履行这种"因素"的程度，大概可以证明这一点。

有一段时间，我挣扎于给这本书这样一个副标题："为一个保守主义观念的进步主义论辩"。之所以如此，与这样一个事实有关，即支持教学和教师的理由不仅是为了回应把教师简化为一个影响因素，而且是为了回应教育的"学习化"（learnification）趋势（Biesta，2010a）；把教师看作学习活动的辅助者（facilitator），而不是给教育情境带来某些事物的人，给学生带来某些事物的人，即便所给予的仅仅是一个即刻提出的问题或一个短暂的犹豫时刻（Biesta，2012a）。对于把转向学习的行为主要看成转离"教学即控制"的人们而言，任何支持教学和教师的论述，也许只能被视为一种保守的位移。在以下各章中，我力图提出的大部分内容是：论证教学并非必然是保守的，而且并非必然是对儿童自由或学生自由的限制，正如"学习的自由"（freedom to learn）（Rogers，1969）并非自动或必然就是解放性的或进步性的。

多年来，那些对我著作的正面回应，让我感到振奋，特别是有些人回应，他们发现我探求的问题以及我提那些问题所用的语言，有助于以更准确的方式阐明他们教育活动中至关重要的事物。虽然不能否认我的作品很大程度上是理论性的，但我不认为这就意味着这类作品对教育实践没有重要性。这不仅是因为我相信语言对教育是真正重要的，而且因为我相信，要对简单化并控制教师工作的企图进行抵抗，最好的办法是让教育实践和对教育的操作更是**经过仔细思考的**（thoughtful）。这要求我们不断地以不同方式思考教育，从而看到这种思考在教育的日常实践中如何带来不同。因此这本书提供的思想不仅仅是要让人们**对**这些思想有所思考（于是会有人同意或不同意），而可能首要的是供人们**以**这些思想来思考。

尽管我对这本书的内容负全部责任，书中提出的思想却是大量互动、交谈、讨论、顿悟、使我受教的内容，以及我得到的教益等所结出的果实。第 1 章的内容源于我和挪威卑尔根的挪威教师大学学院（NLA University College）多年合作的工作。他们对"教育学"（pedagogikk，挪威语）的关注，以及他们对教育和生活中的存在主义维度的关切，为探索教育中什么是真正至关重要的，持续提供着一个资源丰富的环境。我特别想要感谢保罗·奥托·布伦斯塔德（Paul Otto Brunstad），索尔维格·林达尔（Solveig Reindal）以及赫纳·赛维罗特（Herner Saeverot），因为本书第 1 章呈现的思想的初稿就出现在他们编著的选集中。并且，我想对托恩·萨维（Tone Saevi）表达谢意，因为她在把我的思想翻译为挪威语的过程中，慷慨地投入了大量工作。第 2 章的早期版本是我为纪念自己担任《哲学与教育研究》期刊主编职位期满而写就的。虽然那曾是一项艰苦的工作，但能以这样的角色为国际教育哲学共同体服务，已让我充分获得了乐趣。现在期刊已经在颇为胜任的芭芭拉·泰耶-培根(Barbara Thayer-Bacon)主持之下。我还想对那些参与到第 2 章我所讨论的课程中的学生们表达感谢。我对他们所给予我的一切表示谢意，同时也对这个课程所赋予我们的一切表示谢意。

第 3 章的早期版本是为了回应赵国平的邀请而写成的。我想为有这样的机会以及她一直不断对我的著作提出极具洞见的问题而感谢她。我还想感谢瓦内萨·德·奥利维拉(Vanessa de Oliveira)和沃特·波尔斯(Wouter Pols)，因为与他们的多次对话，构成了我在这一章中对多个主题的思考。亚历克斯·吉赫姆(Alex Guiherme)为我扩展解放教育中教师角色的思考提供了机会，我将其呈现于第 4 章。我对这个题目的思考也受益于我同芭芭拉·施腾格尔(Barbara Stengel)为《AERA 教学研究手册》(*AERA Handbook of Research on Teaching*)所做的工作。第 5 章可以追溯到我和卡尔-安德斯·萨弗斯特朗姆(Carl-Anders Säfström)的长期合作，特别是我们共同写就的《教育宣言》(*Manifesto for Education*)。我对我们多年来所有过的大量创生性的交谈表示谢意。我还想感谢赫纳·塞维罗特和格伦-埃吉尔·托尔森(Glenn-Egil Torgersen)，因为他们把我引入教育中不可预见的事物的主题中。乔普·伯定(Joop Berding)关于杰纳斯·科扎克(Janusz Korczack)的著作依然是我的一个重要的灵感来源。

我把学术看成工作，虽然它是颇受特别对待的工作，可它不是生活中的全部。我要感谢我的妻子提醒着我这一点，并且感谢受教于她的涉及教育的每件事情。我想感谢伦敦布鲁内尔大学在我的生活和生涯中的艰难时期提供了我一份工作，并且感谢教育系的同事让我获得了在家的感觉。原有的三部曲是由美国范式出版社(Paradigm Publishers)出版的，所以我一直都感激迪安·伯肯坎普(Dean Birkenkamp)这么多年来给我的鼓励和支持。我还想感谢劳特里奇出版社(Routh-ledge)的凯瑟琳·伯纳德(Catherine Bernard)在这个项目中持有的信心和耐心。

也许有两个"健康警示"要提及。第一，这不是一本完美的书。这不仅因为我认为完美是一种危险的梦想，而且因为我正在探索教学的进步意义的方式依然是：一个依然在持续进行的探索。但是，我希望我探索的领域以及我探索的方式都能为这个讨论做出有用的贡献。第二，我意识到书中的某些地方有极强的理论性和哲学性。我鼓励读者多在那些段落停留，即便那里的内容没有立即展示它们的意义，因为它们也是我在这本书中力图探索的重要层面。

最后，尽管我没有预想会有第五个题目增加到那套三部曲中，但是人们当然永远也不能确定未来将会带给我们什么。然而，在我看来，四件套也是一个不错的结果。

2016 年 12 月于爱丁堡

1 /序　言　为什么需要恢复(重新发现)教学[1] /

　　"我乐于以此方式让我的学生惊讶，这就是通过告诉他们我是一个
保守主义者，而且我终身都力图'保留我们的激进传统'。"

乔治·康茨(George Counts，1971，p. 164)

　　我在这本书中力图论证的观点是教学是重要的。这个观点本身并
不是一个颇具争议的主张，并且在某些领域中，论证教师是教育过程
中最为重要的"因素"实际上已经非常流行了(比如，见 OECD，2005；
McKinsey & Co.，2007；Donaldson，2010；Department for Education，
2010)，即便我们应当警惕把教师仅仅指涉为一个因素。可是，真正的
议题并不是教学**是否**重要；真正的议题是教学是**如何**重要的，以及教
学**对什么**重要。针对这些问题，这个讨论已经变得较为复杂了，因为
在近年来，教学和教师的角色及地位，已经从两个不同的角度——但
在某种意义上是互补的角度——遭到了挑战。

　　其中，一种发展涉及学习语言和学习"逻辑"的兴起对教育的影响；
这一发展已经从对教学和教师的专注转向了对学生和学习的专注(见

Biesta，2006；2010a)。学习语言和学习逻辑的兴起已经把教师从"台上的智者"(sage on the stage)转变为"旁侧的引导者"(guide on the side)——正如当下的流行表述所说的，学习的辅助者——甚至按一些人的说法，是"后排的同伴"(peer at the rear)。尽管教师作为学习同伴的观念，或课堂作为共同体的观念可能听上去吸引人且具有革新意义，但是这种对教育的学习中心式的描述，倾向于提供毫无帮助的且在我看来终将误导人们的陈述；这些误导的陈述涉及教学是什么、教师的工作是什么，以及学生可能从与教学的相遇中和与教师的相遇中获得什么。因此，本书中提出的思想是一种努力，一种在学习时代**恢复**教学的努力，也是一种**重新发现**教学和教师的意义及重要性的努力。

但是，为教学和教师的重要性辩护并非完全没有问题。一个主要的问题来自这样一个事实，即最近几年关于教学的重要性的提议，大多都是喧嚷着来自所涉范围内较为保守的那一端；在那里教学基本上是从**控制**的角度着手讨论的，并且在那里对教师工作本身的控制也显现为一个主要的争议问题(Priestley，Biesta & Robinson，2015；Kneyber & Evers，2015)。这种论证的一个版本认为，最好和最为高效的教师，是那些能够把教育过程导向稳妥生产的教师；他们能够"稳妥生产"出一小套提前界定好的"学习结果"和有限数量的预先规定好的身份认同，比如好公民或灵活应变的终身学习者。面对这样的意图，不仅存在着持续的研究努力，以便专注于产生证据来支持什么在这个过程中明显地"起作用"(Smeyers & DePaepe，2006；Biesta，2007)。而且，当前存在一种"全球教育的测量产业"(Biesta，2015)，热切地想揭示哪一种体系在生产出人们欲求的结果方面是最好的。同时，把教育视为控制的呼声和把教师视为这一控制的中介的呼声，来自对当代社会中权威的明显丧失的关切，并且来自把教育视为恢复这种权威的关键工具的主张，包括对教师权威本身的恢复(比如，Meirieu，2007)。在这些讨论中，通常(容易)忘掉的是，权威从根本上讲是一个**关系性**的事物(Bingham，2009)，而不是某个人能简单施加在另一个人身上的事物。

教学作为控制的观念，教学作为控制行为的描述，以及教学应该是一件关于控制的事情的主张，等等，其存在的主要问题是，在这样的格局中，学生仅仅呈现为教师意图和行动的**客体**，而不是学生自身作为**主体**呈现。对威权模式教育的所有批判中，这已是最主要的争执，乃至最后达到废除教育"构想"本身的地步，比如 20 世纪 60 年代在德国出现的反教育运动(*Anti-Pädagogik*)的例子(Von Braunmühl，1975)。值得注意并在某种意义上极为明显的是，教师已经成为这一评论中反复出现的靶子。这里的一个前设似乎是，教学最终只能理解为**限制**学生自由的事物，因而阻碍了他们作为主体存在的可能性[2]。这就是为什么(真正意义上地)废黜和降格教师的努力(即"从台上的智者到旁侧的引导者")，以及重新把教育聚焦在学生身上，聚焦在他们的学习、他们的理解和他们的积极建构知识上(这里只列出当代教育思想和实践中的一些主要趋势)，一般会被视为解放的和革新的进步。

在这样一种环境和氛围之下，任何为教学和教师的重要性辩护的努力看起来都是一个退步，是对讨论的一个保守的而非进步的贡献。但重要的是，这点只有在某种理解的前提下才是成立的，那就是如果我们把"作为主体而存在"(exist as subject)理解为汉娜·阿伦特所恰当描述的**自由作为自主**(freedom as sovereignty)(Arendt，1977，pp. 163-166)的观念，即作为一个自由主体而存在，意味着**不受自我之外的任何事或任何人的影响**。问题在于这是否是作为主体而存在的切实可行的概念。[3]后面几章的主要论述试图论辩情况**并非**如此，作为主体而存在实际上意味着处于和他者(what and who is other)持续的"对话状态"(state of dialogue)中[4]；并且，在"对话状态"中，我们的主体状态(subject-ness)并不是由内而外地构成的，即由我们的意图和欲望出发而构成，而是紧密地和"与他者建立关系的方式"及"回应他者的方式"不能分离，与他者向我们言说、讲话、呼唤以及召唤不能分离。

第 3 页边注：*3*

当我们开始按照这些思路思考作为主体而存在时，教学开始获得新的重要性，这首先是因为当(他者)对我们的"讲话"(我们也可以说是超越我们自身的"讲话"[Biesta，2013a])，由外面而达及我们的时候，它已经不再自动地限制甚至是阻碍我们作为主体而存在的可能性，而恰恰是打开让我们**作为主体**而存在的可能性的"事件"。这的确是后面各章遵循的另一个主要思路，我将在各章中探索教学对主体状态(subject-ness)的重要性，对我们**作为主体**而存在的重要性。此处，正如我将提出的，教学关注的是为学生开辟存在的可能性，即学生在那样的可能性中并且通过那样的可能性，能够探索作为主体在世界中存在会意味着什么，以及与世界共在会意味着什么。遵循这些思路，教学开始表现得与控制**相反**，即与把学生仅仅当成客体而接近的试图相反，却采取把学生当成主体而接近的形式，即便没有迹象表明那些学生能够成为主体，正如我在后面论述的那样。

我相信本书中探索的观念之所以重要，有三个原因。第一个原因与如下事实有关，即在教育领域中，教学已经大致被定位在所涉范围的保守主义一端，而与教学相抗衡的大多数内容——比如对学生学习的专注，对学生的理解和知识建构的专注，对他们的创造力和表达的专注——被看成解放的和进步的，并且被看成支持和提升主体状态的。我们发现，这一现象体现在，比如，从课程中心到儿童中心再到学生中心的教育构想的持续"摇摆"中。在这个讨论中明显缺少**第三种选择**的考虑，即教学被定位在所涉范围的进步主义一端，并且与教育的解放理想（再）联结。我在本书中试图呈现的就是这样一个第三种选择——为当今总体被认为是保守主义的观念而进行的一组进步主义式的论证。我的意图不仅是重新发现教学的进步主义价值，而且是揭示对学生学习的专注，对理解、建构、创造力和表达的专注（即通常表现为反对教育作为控制的观念），其本身可能与提升学生作为主体而存在的可能性几乎没有关系。

4　　作为主体而存在，正如我所提出的，意味着与他者（what is other and who）处于"对话状态"中；这意味着向他者敞开自己，让他者对我们言说，被他者所教，并且思考这对我们自己的存在意味着什么，对与我们存在相关的欲望又意味着什么。因此，作为主体而存在意味着我们与这样一个问题紧密联系：我们的欲求对我们自己的生活而言是否是值得向往的，以及对与我们共同生活在一个星球上的他者的生活而言是否是值得向往的，这个星球只有有限的能力实现所有投放到它上面的欲望。这种对作为主体而存在的理解，与被许多人视为我们时代的主要信条处于紧张状态，因为在那样的信条中，我们作为人之主体的自由主导性地被理解为**选择**的自由（freedom of choice），即这样的自由是选择我们想要选择的，做我们想要做的，拥有我们想要拥有的，做我们想要做的人，以及购买我们想要购买的。因此，本书中追求的对人之主体状态的探求方法，也引出当代社会中这个主流趋势的一些更大的问题，而这样的社会已被保罗·罗伯兹(Paul Roberts)描述为一个"冲动的社会"(impulse society)(Roberts，2014)，而且在我看来这个描述是非常准确的。

本书提出的观念可能至关重要的第三个原因，与更为哲学性的探讨有关，而这一哲学探讨涉及人与人类的问题。虽然我写此书的意图不在哲学方面而是在教育方面，但是思索来自后面论证的一个哲学含义也是值得关注的。因为在那些论证中，我力图提出，我们人类的主体状态可能并非位于我们学习的能力中，并非位于我们理解的能力中，并非位于我们给予意义的能力中，等等，而是它首先被发现于那样一种"能力"[5]中，即我们被他者对着讲话、被他者告诉和被他者所教之中。用最简短的表述说就是，这意味着人不是一种能学习的动物，而是一种能"被教"和能接受(某种)"教"的动物。

本书的结构如下。在第 1 章"教育的任务是什么"中，我提出教育是**为了**什么的问题，更具体地说，教师作为教育者是做什么的。我提出的答复是，教育者的任务是让另一个人的成熟性存在(grown-up existence)得以可能，或者用一个更准确的表述：它涉及把另一个人的某种欲望引出来——这个欲望就是想以成熟的方式存在于世界。我讨论了将教育专注于存在问题意味着什么，存在于世界中意味着什么，以及以成熟的方式(in a grown-up way)存在于世界中意味着什么。我提供了一个对成熟特性(grown-up-ness)概念的理解，即它不是作为一个发展和教育轨迹的结果，而是存在于世界和与世界共在的方式；在这种方式中，我们所欲求的是否是我们应该一直欲求的这一问题，成为一个持续存在的问题，一个我们时刻揣有并在我们遭遇的每个情境中发挥作用的问题。我讨论了专注这个问题对教师有什么要求，并探索了我们对教育中权威角色的理解会带来的结果。

如果重新发现教学至少部分地回应了学习语言和学习逻辑在教育中的影响，那么，关键问题是我们应该如何理解教学和学习之间的关系。在第 2 章"让教学从学习中解放"，我提出学习仅仅是我们作为人类所具有的多种存在可能性中的一种，并且，如果教学旨在学生的成熟性主体状态，那么它实际上就应该为学生打开其他可能性而让他们存在于这个世界，并与这个世界共在——即从学习之外的角度。我不仅探索了教学和学习之间关系的文献，而且我还讨论了我教的一门课程。在课上，我不让学生学习，就是说，不让他们建构意义和理解。这门课程不仅揭示了教育能够不需要学习而有意义地获得进展，而且揭示了当我们悬置学习时，并悬置我们去理解的欲望时，世界能够开始对我们说话，能够开始教我们。

在第 3 章"重新发现教学"中，我延续第 2 章的思路，提出的问题为：解释和理解是否确实是我们存在于世界及与世界共在的方式的中心所在。这一章围绕对伊曼纽尔·列维纳斯著作中的洞见的细读而展开，特别是关于理解(sense-making)的主题，或者以他的用语说，这个主题就是：意指(signification)。我通过讨论机器人吸尘器作为智能适应系统 (intelligent adaptive system) 的一个典范案例，细致深入地讨论了一个观念，即人类根本上是"建构意义的动物"(meaning making animals)(我的用语)。针对这个观念，列维纳斯提出的观点是，意义建构并非**先于**我们和他者的相遇而来临，而实际上是我们与他者相遇后而浮现出的**结果**，或者更精确地说：是我经历了"被"他(人)者对我讲话这一"经验"之后而发生的结果。在这一章中我不仅提供了对列维纳斯的论证细节的一个讨论，我还明确关注了列维纳斯在主体状态这一主题和自由概念之间建立的联系，揭示出他的思想是如何提供了一个论证来反对人类自由应该被理解为"意指自由"(freedom of signification)。列维纳斯暗示一种更为"艰难的自由"，他把这种自由描述为：去做唯有我能做的。

如果第 3 章开始建立起了论点，即为什么我们的成熟性存在作为主体，在世界上存在并与这个世界共在，恰恰**不是**一件我们能自主的事情，**不是**一件关于我们的意指自由的事情，那么，我们能渐渐看到，旨在为学生自由的教育，旨在为解放的教育，就不会被理解为力图消除加在学生身上所有影响的教育了。这为教师在解放教育中的角色问题提供了一条探索路径，也就是第 4 章"别被无知的男教师蒙蔽"所讨论的主题。在这一章，我比较了三种不同的解放教育概念：新马克思主义批判教育学、保罗·弗莱雷的著作，以及雅克·朗西埃在他的著作《无知的男教师》(*The Ignorant Schoolmasters*)中提出的思想。我揭示了弗莱雷和朗西埃是如何回应批判教育学中的潜在的威权主义维度的。但是，弗莱雷把问题归咎于教师，而朗西埃则把问题置于知识的角色。所以，不同于弗莱雷，朗西埃能够揭示为什么教师和教学对解放教育依然是重要的。

6

在第 5 章"期望不可能的事物：教学作为异识"，我探索了前面的论述对教师的工作，更具体说，对我们理解教师的教学**活动**意味着什么。已有观念认为旨在学生主体状态的教学是一件"逐步建立"的事情，比如帮助学生获得知识、技能和性情，从而让他们成为主体变得可能；此处教学是作为一件（为学生）增加自主权的事情。针对此观念，我追随朗西埃，探索一条不同的路径，在那里教学运行为**异识**（dissensus）。异识不是共识的缺席，而是把"不兼容元素"引入现存事物的状态中。简而言之，它涉及把学生视为**主体**而靠近，即便是（或者特别是）当所有关于学生能够做什么的可靠证据都指向相反方向的时候。从消极意义上看，教学作为异识（teaching as dissensus）的发生，是对任何有关无能的断言都拒绝接受，特别是当这种断言来自学生；从积极意义上看，教学作为异识的发生，是对学生存在的未来方式的一种恳请，一个尚未显现的存在方式，不管是从教育者的视角看还是从学生的视角看。但是，正是这种恳请，正是这种对"不可能"——无法预见的可能性（如德里达所言）——的参照，才开辟出一个空间，从而在那里学生可能会显现为主体。我论证任何达不到此原则的教学，任何只希望基于可能性的事物和可见的事物而运行的教育，且我们对此都拥有证据，实际上冒了阻断这种未来的风险。

我以一个简要的后记作结论。我在那章对书中的主要洞见做了总结，并且论述，如果教学对学生的成熟性主体状态（grown-up subjectness）有所关注，那么教学并不是一个创设空间而让学生能在其中自由的事情——也就是说让"意指自由"发生，让学习的自由发生——而是涉及创造存在的可能性；学生通过这样的可能性能够遇到他们的自由，能够遇到"呼召"而以成熟的方式存在于世界，即作为主体。

注 释

[1] 译者注：作者原著此处用了 re(dis)covery of teaching 这一表述，re(dis)covery其实是两个英文单词叠加在一起，表示两个意思。Recovery of teaching 表示让教学恢复，而 Rediscovery of teaching 则表示对教学有重新发现。

[2] 在第4章中，我讨论这在教育的解放构想中所发挥的作用，包括保罗·弗莱雷的著作。

[3] 正如我在后面几章将详细解释的，我以存在主义的方式着手处理人的主体状态的问题，即存在的方式或模式的问题——因此有了"作为主体而存在"的表述。

[4] "对话状态"这一表述听起来有点古怪，因为对话被视为是动态的和进展的，而不是一种"状态"。之所以这样表述是突出对话并不应理解为随意交谈(conversation)，而是一种存在的"形式"——我会在后面讨论这点。

[5] "能力"之所以被放在引号中，是因为被他者对着讲话，被他者告诉，被他者所教，乃是不能由我们生产出来的现象，而是从外面达及我们的现象，所以这意味着我们对这个"能力"几乎不能控制。

/第 1 章　教育的任务是什么/

在这一章中，我探索一个简单且在某种意义上又非常根本的问题。

7

我把这个问题表述为"教育的任务是什么?"我意识到对这个问题的表述并不理想，特别在于它涉及一个词"任务"。在日耳曼语系的许多种语言中，存在更为精确和更值得关注的词汇来表述我所追寻的意义。在德语中"Aufgabe"和"Auftrag"这两个词，与荷兰语中的"opgave"和"opdracht"这两个词的词义非常相近。这些词语力图暗示的是：需要去做的事情，即当我们发现自己处于某种情境或位置时，那些摆在我们面前的需要做的事情，比如处于一名教师或教育者的位置时。这与其说是需要执行的任务或需要做的工作，倒不如说它是我们的一份责任。值得关注的是，"Gabe"和"gave"实际上都是"礼物"的意思，因此，"Aufgabe"和"opgave"指的是**给予**我们的任务，可以这么说，它的意思是与工作伴随而来的任务，或与职位伴随而来的责任。"Auftrag"和"opdracht"两个词含有"tragen"和"dragen"，意思是携带，而这就是给予我们的任务向我们发出的请求。我们携带着这个任务。我力图通过教育任务的问题想要表述的是，教育并不只是我们想让它成为的某种

016 | 重新发现教学

样子，而是与它伴随而来的一种特定的"Aufgabe"，一种特定的责任，我们甚至可以说，一种特定的必须履行的责任。

对于教育的任务是什么的问题，我在本章的答复是，它让另一个存在于世界并与世界共在的人的成熟性存在得以可能。或者，用一个更为准确的表述：教育的任务在于，在另一个人的内在唤起一种欲望，即想要以成熟的方式存在于世界并与世界共在，也就是作为主体而存在。这个答复至少有两个方面需要进一步解释。一个是"成熟特性"观念，另一个是对"存在"这个词的运用。先解释后者：运用"存在"这个词意味着，我希望专注于人存在的方式，简而言之，即他们**如何**存在，而非他们是**谁**的问题。如果后一个问题是身份认同(identity)问题，前一个问题则是**主体性**（subjectivity)问题，或者，用稍微准确点的语言说，是人的主体状态(subject-ness)的问题，或是**作为主体**(being-subject)的人的"状态"问题。这两个问题，即我是**谁**的问题与我**如何**存在的问题，当然在教育情境中也都是合理的问题。但是，它们是非常不同的问题，并且重要的是不能将二者合并在一起，不管是在概念层面（"身份"概念和"主体状态"概念是不可互换的)，还是在这些概念试图表达的内容层面。

正如我在下面仔细讨论的，我着手探讨"成熟特性"这一用语时——我得承认它是一个尴尬的用语——它并不是将其理解为一个发展阶段或发展轨迹的结果，而是，从存在主义的用语说，将其理解为存在的某种特有的"性质"(quality)或存在的方式。以"成熟的方式"存在和以"非成熟的方式"存在，区别在于："成熟的方式"承认他者的他性(alterity)和完整性(integrity)，然而，这一点却并不显现在"非成熟的方式"的"雷达区上"。换言之，"成熟的方式"承认"在那儿"的世界的确"在那儿"，并且这个世界既不是我们自己造的，也不是任由我们利用的，即它**不是**这样一个世界：我们能对它做任何我们想要做的或幻想要做的。此处，"世界"既指自然世界也指社会世界，既指物质世界也指生物世界。更具体地说，它既指我们的星球以及在它之上的万物，也指在这个星球上我们遇到的其他人。用阿方索·林吉斯(Alfonso Lingis，1994，p. 123)提出的一个值得关注的词语，就是既指地球，也指居于其上的"地球人"(earthings)。然而，认可这个世界的他性和完整性，不可理解为出自我的慷慨之举，以便让他者存在。换言之，让世界存在与否并非由我决定的。但是，在我的生活中给他性和完整性一个地位，或者不给它们这个地位，这是由我决定的。

提出这样一个教育任务，即让存在于这个世界并与这个世界共在的另一个人的"成熟性存在"得以可能，其正当理由是什么呢？在某种绝对意义上，对这个提议，并没有需要辩护的理由，所以就此而言，这个提议的确是没有理由的。然而，这并不排除这个提议可能是极富意义的，特别是当它与其他关于教育的任务可能是什么的观点进行比较的时候。此处要强调的一点是，只有真正在这个世界上，我们才能真正地存在，因为当我们从世界抽身而退后，我们终止于与我们自己存在以及为我们自己而存在——如果这算是存在的话，它是一种极为贫瘠和只顾自己的存在方式。所以，存在于世界和与世界共在，总会引出我的存在与世界的存在之**关系**的问题。而此处，至少作为一个讨论的出发点，存在于世界并与世界共在，但**同时**又不为存在于那里的一切创造空间，就不是真正地存在于这个世界中。所以，这里的挑战是不把自己作为世界的中心、源头或基础而存在于世界，而这恰恰是菲利普·梅里厄(Philippe Meirieu)所描述的"学生主体"(élève-sujet)，意即一个能够无须占据世界中心而生活**在**世界**中**的人[1]。(见 Meirieu，2007，p. 96)

9

然而更难的问题是为什么我们应该把这个提议想成一个**教育**议题，而不是每个人在自己生活中应该发觉的事物。换言之，为什么我们甚至还要考虑这个主张，即让另一个人的成熟性存在得以可能会是一个人的任务——因而也是责任甚至也许是义务呢？我们可以通过参照这样一个事实来回应这个问题，即这看起来是教育家们一直都在做的事情，是做父母和做教师意味着什么的关键所在，而我试图做的只是探索在我们这个时代这样做可能意味着什么。我们也可以说让另一个人的成熟性存在得以可能的愿望，表达了对自由的兴趣，并且更具体地说，对**他者**的自由的兴趣，而这可以说是教育应该涉及什么内容的关键所在(Biesta & Säfström，2011，p. 540)。我的确认为这是我们可能**阐明**教育兴趣进而阐明教育任务的方式，但我认为这并不自动等同于为它**辩护**的理由。毕竟，对于解放的承诺常常转变为权力的另一种运作(比如见 Spivak，1988；另见 Biesta，2010b，更广泛的讨论，见 Andreotti，2011)，而这意味着在这样的问题上，我们应该谨慎地开展，而不要有太多的宏愿。

我将以相对简短的五个步骤来呈现我的反思，其中一部分与我先前著作所详细呈现的一些观念相连，一部分是对"存在"与"成熟特性"两个概念的更准确的强调。我首先要考察的概念是主体性（subjectivity）或主体状态，并且力图阐明作为**主体**（subject）而存在意味着什么。然后，我将进一步探寻这一点，论述存在性的问题说到底是第一人称的问题，而不是理论问题。我将解释二者的区别，并揭示这对于作为主体（being-subject），更具体地说，对于独一性（uniqueness）的观念，意味着什么。由此出发，我转向存在**于世界**意味着什么这一问题，一个我将力图通过强调**不**存在于世界意味着什么来回答的问题。这会让我更多地讨论以"成熟性"方式和"非成熟性"方式而存在于世界的区别，以及"欲求的"（the desired）和"值得向往的"（the desirable）二者区别的重要性。在第五步即最后一步，我反思了我所讨论的教育"工作"；它会有助于让另一个存在于世界并与世界共在的人的成熟性存在得以可能。最后，我简要反思了教育关系中的权力和权威的角色，以及这对于教学和教师意味着什么，并以此结束本章。

主体是受支配的

　　因为我已经提出我们谈论的是人的主体状态，而不是人的身份认同，所以第一个要问的问题是作为一个主体意味着什么。我们可以用两种方式回答这个问题：考察主体本身，然后试图发现主体**是**（is）什么，或者把目光从主体本身移开而转向另一个问题，即主体**存在**（exist）意味着什么。我在这里探寻第二个选择，而这是受萨特的格言"存在先于本质"的启发，即我们首先存在，我们在存在中"找到"我们自己，并且任何关于我们是谁的答案在此之后才到来[2]。尽管回答主体是什么的努力并非没有意义，但是在某种意义上，和我们的存在相比，那些努力总是来得要晚。这意味着尽管那些努力可能会帮助我们澄清人的状态的一些维度，但是那些维度不能够作为人的状态的基础。从海德格尔那里获得启发，如果我们从字面意义上理解存在观念，我们已经开始看到主体的存在的一个方面了，即作为主体而存在并不意味着与自己同在(即与自我同一)，而是在自我"之外"，即在某种方式上，"站出来"(ek-sist)，面朝世界，并被"抛入"其中。

关于主体**的**存在(existence *of* subject)和我们**作为**主体而存在(our existence *as* subject)，我希望强调的主要洞见是，我们的主体状态在很大程度上并不在我们自己的掌控中，甚至可能意味着它根本就不在我们的掌控中。我发现最有助于理解我们的主体状态的这一方面的作者是汉娜·阿伦特，特别是她的行动观念(行动观念在阿伦特的著作中是一个有着精确定义的术语)。行动，对阿伦特而言，是行动生活(*vita active*)(Arendt，1958)的三种类型之一。它首先意味着要采取主动，即开启某事。不同于许多哲学家强调人类的必死性(mortality)，阿伦特从相反的方向审视行动，即从人作为开始和开启者的能力中审视行动。阿伦特把行动和人的出生(birth)的事实做了对比，因为随着每个新生，"独一无二的新的"事物来到了世界(Arendt，1958，p.178)。但是，这并非仅仅在人的出生的时刻发生。通过我们的"语言和行动"我们持续地把新的开始带入世界。

然而，"开始"，仅仅是关于行动是什么的一半，因为我们发起的开始是否有后果，我们发起的开始是否将"来到世界"（见 Biesta，2006），**完全**取决于**别人**是否会接受以及如何接受（take up）我们发起的开始——而"接受"需要在最广阔而可能的意义上来理解，因而它包括回应这种开始，重复这种开始，把这种开始视为提示而发起进一步的主动，等等。这就是为什么阿伦特写道"行动者"（agent）并不是发起者（author）或生产者（producer），而是具有双层意义的主体，即作为开启某个行动的主体和作为承受自身行动结果的主体，而且从字面意义上看，也就是受制于（is subjected to）自身行动后果的主体。（Arendt，p. 184）这带来的结局是我们行动的"能力"，在这个意义上恰恰不是我们拥有或占有的能力，而是至关重要地取决于别人如何接受我们发起的开始。因此，我们可以说我们的主体状态并不由我们掌控，而我们可以真正将其概括为："**主体是**受支配的"（the subject *is* subject），如西蒙·克里切利（Simon Critchely，1999，p. 63）已经说过的那样。

11　　尽管别人对我们所开启事物的"接受"，让我们的开启行动受挫，但是阿伦特一而再，再而三地强调"始终保持让我们自己是自己所做事情的独一无二的掌控者，是不可能的"，而这恰恰是我们开启的事物能成为真的条件，也就是能够来到世界的条件，而且是**唯一**的条件。因此，它也是**我们**能够来到世界，即能够作为主体而存在的唯一条件。想要控制别人怎么接受我们开启的事物，这可能颇具吸引力，然而问题是我们一旦这样做，我们就开始剥夺了别人行动的机会，剥夺了别人作为主体而开启新事物的机会，剥夺了别人作为主体而存在的机会。

如此，我们将追寻只有**一个人**能够行动的世界，其中只有一个人能够成为主体，而每个其他人则只是追随者，因而也就只是那个主体的一个客体（an object）。阿伦特得出结论：在孤立中行动永远都不可能——这也意味着我们永远不能在孤立中作为主体而存在。阿伦特甚至颇为激进地论述"孤立会剥夺行动的能力"（Arendt，1958，p. 188）。这反过来导致她得出一个简单而深刻的断言："多元性是人类行动的条件"（p. 8），即只有在多元的条件下所有人的行动——进而所有人的主体状态——才是可能的。此处重要的一点是，不能把这句话解读为经验性断言，而是阿伦特著作的一个涉及价值的"核心"，即明确地投身于一个世界，在这个世界中每个人都有机会行动，并都有机会作为主体而存在。（Biesta，2010d）

独一性作为不可替代性

虽然阿伦特帮助我们表达了这样一个观念，即我们的主体状态并不在我们的掌控中，而很大程度上取决于别人对我们所开启的事物的回应，但是她的论述路径依然有两个局限，并且在某种意义上这两个局限是联系在一起的。第一个局限是：阿伦特为我们提供了一个关于人的主体状态的**理论**，并且从我们可以称之为**第三人称的视角**（a third person perspective）来着手处理主体状态问题。尽管她的洞见极富启发意义，但是这些洞见力图对主体状态的条件从"外面"给予描述，而不是从主体自身的存在（the existence of subject itself）这一观点来看待——我们可以把这个指称为**第一人称视角**（a first person perspective）。第二个局限是：阿伦特为我们提供了一个对人的主体状态的**一般性**陈述，而非对单个的人的主体在其独一状态下的陈述。概括地说，阿伦特让我们向作为主体而存在的理解更加靠近，但是她没有为我们提供一个这样的论证，即为什么单个的人的主体的存在是重要的。这些评论以这种抽象的方式提出来时，也许听起来是模糊而奇怪的。但是，这些方面在伊曼纽尔·列维纳斯对主体状态问题的处理中，恰恰是至为关键的，因为它力图不从理论的形式对主体状态给予"陈述"，而是从一个第一人称的视角来看待。此处，主体状态看起来是**我**不得不"发觉"的事物，而且其他任何人不能代替我发觉，并且我也不能代替其他任何人发觉。还有，在列维纳斯的陈述中他用的是"独一性"（uniqueness）这一关键术语。

12　　　但是独一性是一个很难把握的用语，因为我们可能有的第一个倾向就是从第三人称来理解它，即这个问题牵涉我们每个人所拥有的、区别于其他任何人的那些特征和能力。我们可以把这个理解指称为**独一性作为差异**（uniqueness as difference），这会立即把我们带回到认同（identity）和识别（identification）问题，带回到从外面来看独一性的视角，如此，从一个抽象的观点，我们能够清楚理解每个人是如何在一些方面不同于其他每个人的。当我阅读列维纳斯的著作时，他暗示我们需要对独一性提出一个不同的问题，但这个问题不是"什么**使**我独一无二"，即不是关于我有什么从而使我不同于其他每个人的问题，而是这样一个问题："我之为我，**在什么时候是至关重要的？**"后面一个问题，恰恰的确**不是**就我拥有或占有的一切事物而提问，从而把我与其他人区别开来，而是寻找情境（situations），寻找存在性事件，在那里我的独一性"至关重要"，因而在那里我之为我至关重要。列维纳斯思想中的情境是有人呼唤我的情境，其呼唤的方式是对着**我**讲话，而不是对着别人讲话。这样的情境是呼唤降临到我身上的情境，而在其中只有**我**能够回应。这些情境，换句话说，是我们遭遇的某个责任的情境，这就是为什么列维纳斯提出责任是"主体性之根本性的、原生性的和基础性的结构"（Levinas，1985，p. 95）。

阿方索·林吉斯（Alfonso Lingis，1994）提供了一个有助于我们理解上述内容的例子。在这个例子里，一个行将离世的朋友请求与你见面。林吉斯论述道，这样一个问题，是只对着**你**讲的问题，因为这位朋友并非只是对见某个人感兴趣，而是她想见你但不是其他任何人。因此，这个问题是一个真正把你挑选出来的问题。它是一个让你承受责任的问题。是你，接起这个责任，或离开这个责任。齐格蒙·鲍曼写道：对列维纳斯而言，责任是"自我的首个实在"（Bauman，1993，p. 13）。当他以此总结列维纳斯的洞见时，他极其准确地抓住了此处所发生的一切，因为我们可以说，只有在那样的遭遇中，即在有某个责任指向**我**的遭遇中，我的独一性才开始重要，我的独一性才"至关重要"，**我**才至关重要。此处，独一性不是有关差异的问题（一个第三人称的视角），而是有关**不可替代**的问题（一个第一人称的视角）。正如列维纳斯所说的，独一性是关于做"没有别人能替代我做"的事情（Levinas，1989，p. 202）。当然，没有人能够强迫我们担负我们遭遇到的责任。就此而言，重要的是看到列维纳斯没有把独一性描述为一个义务(duty)，即我们必须做的事情。他也没有把它看成一个生物性事实，即看成我们**不能不做**的事情。相反，从一个颇为奇怪的意义上讲，我们可以说人的自由也意味着：对于我们发觉自身所背负的责任，我们有可能走开，而这完全取决于我们作为每个个体的人。可以说，如果我们尊重另一个人的主体状态，如果我们与作为主体的另一个人相遇，而不是与作为我们行动和意图的客体相遇的话，那么我们不能代替另一个人承受责任，我们也不能强迫另一个人以某种特定的方式行动(这对教育具有重要的影响，我会在下面再讨论)。

13

　　这里要提到的最后一点是：我的独一性开始至关重要，且与此相关的责任，总会并在结构上是来自外面的，而非由我自己产生的。它不是源自一种感觉或者一种需要，从而为别人负责或者照顾别人。因此，"我的独一性开始至关重要"所面对的责任，以及"我在特别而唯一的时刻可能实现我的主体状态"所回应的责任，总是以我的"内在状态"(immanence)的中断而显现，以"我与我自己同在的状态"的中断而显现，以及以"我为我自己而存在的状态"的中断而显现。在某些情况下，列维纳斯把主体状态描述为"内在状态的断裂"(p.204)，或用不太"强"的语言表述，即"同一性——在其认同中昏昏欲睡"被他者**唤醒**的时刻(p.209)。

　　阿伦特和列维纳斯因此都为我们揭示了我们的主体状态并不由我们自己掌控。但是，阿伦特的陈述始于我开启的行动，并涉及这些行动如何被他者接受从而实现它们，而列维纳斯则从相反的方向论述，揭示了我的主体状态的可能性是如何始于我之外的，并且只有**在那时**，主体状态才对我而言是个"有争议的问题"，并且是唯一地和独一地对我而言是如此。而这个"有争议的问题"，就是我要不要回应我遭遇到的责任，并且，在那一刻，"实现"我的状态，或者我是否离开这个责任。如果阿伦特给了我们一个关于我们的主体状态是如何不由我们掌控的**理论**，进而为我们提供了一个第三人称的视角，列维纳斯则赋予我们类似某种现象学的理解，即从第一人称的视角致力于主体状态问题，揭示了主体状态如何最终是我们每个人独自去发觉的事情。正如前面提到的，理论可能有所帮助，但是理论永远也不能取代人的存在性问题；理论永远不能取代人的存在性挑战，并且理论实际上有时成为不必非要致力于这一问题的借口。

在对世界的摧毁和对自我的摧毁之间

关于作为主体存在意味着什么的问题，如果前面两部分给了我们一些洞见的话，现在我希望转到我关于教育任务论题的第二部分，即提出在教育上至关重要的是以成熟的方式在这个世界上存在并与这个世界共在。成熟特性，正如我已经提出的，与一种认可相关，即认可我已经提到过的他者的他性和完整性。如果这个认可不是理解为来自我的慷慨即我会"让"世界存在，而这样表达实际上听起来非常傲慢，那么我们如何理解它的意义呢？理解它的一个方法是通过讨论一个问题，即当我们遭遇抵抗时，或用阿伦特的语言，当我们开启的行动遭

14 遇抵抗时，可能会发生什么呢？遭遇"抵抗"，即与某事或某人抵抗我们开启的行动这一事实相遇，是一个极其重要的经历，因为它揭示了世界并非是我们的心智和欲望的建构，而实际上有一个存在，进而有它自身的完整性。就这方面来说，经历抵抗是一个在世界中的经历；一个我们在**某处**的经历，而不只是在任何地方。当我们遭遇抵抗，我们做什么，或我们可以做什么？请让我来探寻三个可能的选择。

当我们开启的行动遇到抵抗时，面对着阻挡或阻碍我们行动的遭遇，或至少限制我们实现我们行动能力的遭遇，我们的首个反应可能是某种不安。我们可能会"抱怨"这种抵抗的发出者，并且可能会在那发出抵抗的人或物上，试图强行实施我们的意图（intention）；我们也可以说：强行实施我们的意愿（will）。在某些方面我们是需要这样做的，以便我们开启的行动得以实现，让这个行动来到这个世界，但是如果我们在强行实施我们的意愿方面过于极端，那么我们会到达某一点，在那里我们自己的力量过于强大以至于摧毁了发出抵抗的"实体"所具有的（完整性）。如果想想我们与物质世界的相遇的境况，我们可能会发现我们对某些事物逼得太厉害，以至于我们想要塑造和生成的事物在压力下崩溃。在这样的时刻，我们以摧毁抵抗的发出者而告终。因此，我们可以说，在我们遭遇抵抗的范围量度的这一极端点上，存在**对世界的摧毁**（world-destruction）的风险。

从这里，我们逐渐可以看到在遭遇抵抗的范围量度的另一端有什么，因为第二种回应所遇抵抗的方式，更具体说，回应这个经历所带来的挫折的方式，是从抵抗发出者那里抽身退回，是从它那里走开。

这就是当我们面对受到抵抗的经历时，我们会说这个状况对我们太复杂和太困难，以至于我们没有精力或欲望去坚持，于是我们从抵抗发出者那里抽身而退，用直白的英语说：我们退缩了。同样地，这样做可能有很好的理由，因为这样为抵抗的发出者存在于世界留有空间，并为其与世界共在留有空间，但这里的风险是，我们最终从我们与这个世界的密切关系中抽身而退，并且最终完全从(我们在)这个世界(的存在)中抽身而退。因此，同上面那种情况一样，我们可以说，我们放弃了或摧毁了让我们首先存在于这个世界的条件。也因此，我们在此发现的极端点是**对自我的摧毁**的风险。

对世界的摧毁和对自我的摧毁，是我们遭遇抵抗、遭遇世界的两种极端回应；这些回应是我们最终处于世界之外、一个非存在(non-existence)的地方而发出的。因此，它们也标明了中间地带(middle ground)；在那里，存在——在**世界的**存在(worldly existence)，存在于世界中并与世界共在——才是可能的并且是确实**发生的**。我们可以把这个中间地带指称为**对话**(dialogue)，只要我们不把对话想成是随意交谈(conversation)，而是将其理解为一种存在的形式，一种共在(being together)的方式，以寻求公正对待所有参与其中的伙伴。就此而言，对话从根本上不同于竞赛(contest)。竞赛是一种旨在产生胜利者与失败者的存在形式。而且，一旦某人赢了，竞赛会结束，然而对话是一个持续的、永不止息的挑战。我们也可以说，一个持续的、永不止息的"Aufgabe"(任务)。竞赛要求精力的有限迸发；而处于对话中则要求持久和可持续的精力、注意力和承诺。

15

中间地带并非一个容易驻足的地方，这在某些方面帮助我们理解了为什么对世界的摧毁和对自我的摧毁这两种极端点具有的吸引力，因为它们提供了某种逃离，以避开存在于世界和与世界共在的艰难。有时我们的确需要从那艰难的中间地带撤退，这样做或许是为了再度充电，或许是为获得一种视角以审视我们在那里所遭遇的一切。况且，有时我们需要向前"推动"自己以便获得更好的事物，而这也表明中间地带并非是任何事物应该存在的空间。但是，**只有**最终在中间地带，存在才是可能的。因此，中间地带并非是一个自我表达的地方，而是我们的自我表达遭遇到了限制、中断、回应——而这些都具有阿伦特所谈及的受挫特质，以及列维纳斯所指的内在状态的断裂。但是，如果与列维纳斯一致，我们也可以说这些经历唤醒了我们，即从我们在世界之外的昏昏欲睡的状态中唤醒我们，从我们仅仅与我们自己同在的状态中唤醒我们。这些经历告诉我们的是，我们在中间地带是"认真的"——在中间地带，我所**做**的是重要的，我如何**存在**是重要的，并且，**我**是重要的。待在中间地带，因此，要求的是：我们确认甚至是支持这种艰难，而正是这样的艰难让我们的存在得以可能。待在中间地带，因此要求一种在世界的存在，一种在我们自己以外的存在(ek-sistence)。而教育的任务，正如我已经提出的，是在另一个人的内在中引发出这种欲望。

"成熟"特性，所欲求的和值得向往的

鉴于我在本章开头描述成熟特性这个概念的方式，即它不是一个

发展过程的结果，而是一种存在主义特性(existential quality)，或存在的特性(quality of existing)，那么，我们就不难看到，处于对世界的摧毁和对自我的摧毁之间的中间地带，正是获得"以成熟的方式与他者共存"的空间。通过把成熟特性指称为可能会**成就**(achieved)的事情，我再次强调在本章中提出的思路中的存在主义要旨。这意味着成熟特性不可理解为我们能占有或声称拥有的事物。它也不是我们能断言的我们未来之所是——假如通过这样的断言，我们想要指的是成熟特性会安全地在我们的占有之中，并且浸透在我们做的所有事情中。我们是否能最终成功地取得一种成熟的方式，以此与他者共在，总是一个决定成败的事物，也总是一个问题。毕竟，在每个新的情境中，我们可能无法成功致力于成熟性的方式，而且尽管我们持续做出努力是重要的(即如果我们想要的不只是我们与我们自己存在)，但是，我们也永远不能确定我们努力的结果，还可能会惊讶于(或失望于)我们的行动和回应。

尽管成熟特性不是一个理想的用语，特别是因为它指向一个生长的过程，从而意味着成熟特性是这一过程的结果，而我已经论述过它不是。但是，成熟特性确实指向一种状态；在这种状态中我们已经成功克服了另一种与他者行动的方式以及对他者回应的方式；我已经把那种方式描述为"非成熟性的"，但是我们也可以称之为幼稚的(infantile)(参见下面)，自我中心的(eogcentric)，或用一个列维纳斯提出的用语，自我逻辑的(egological)[3]，即遵循自我的逻辑，而不是遵循他者的逻辑。存在的自我逻辑方式完全来源于自我的欲望(desire)，但却

16

不去问是否、如何或在什么程度上，这些欲望是值得向往的（desirable），而这是关键性的区别；而之所以需要这样问，既是为了自我"于世界中的存在且和世界共在"，也是为了自我设法存在于其中，且与其共在的那个世界本身。

这意味着——这点很重要——成熟特性不是对欲望的压抑，而是这样一个过程，即可以这么说，通过追问我们所欲求的事物对我们自己的生活而言，对我们与他者在一起的生活而言，是不是值得向往的这一问题，我们的欲望接收到一个"真相"。这样一个问题——这从教育方面讲是重要的——总会出现在我们面前，作为我们的欲望的一种**中断**。这种中断在某些方面是通过经历抵抗才显现的，而且我们可以说，当我们遭遇到抵抗时，我们不仅遇到了世界，而且我们也同时遇到了相对于这个世界而言我们所具有的欲望。

当我们遭遇抵抗时，我们可以说世界试图告诉我们一些什么，并且也许可以说世界试图教给我们一些什么。但是，当某人向我们发问，问我们所欲求的事物是不是真正值得我们向往，此时，欲望的中断也会主动地发生。当然，我们也可以到达这样一个情境：这个问题成为我们向自己发问的问题，成为我们生活中一直存在的一个问题。（我会在下面再讨论它的教育性意义）因此，综上所述，我在此处的意图不是去消除我们的欲望，而是给它们一种在世间的形式和特性，以便它们能够支持和维持"存在于世界并与世界共在"的成熟性方式。斯皮瓦克（Spivak，2004，p.526）用了一个值得关注的表达，即"对欲望的非强制性重置"（uncoercive rearrangement of desires），并将其作为她关于教育是什么以及教育涉及什么的定义。

以这种存在主义的方式来运用"成熟性的"和"幼稚的"的对立性，我并不是力图给儿童一个坏名，或者预设所有成年人都能够以成熟性的方式而存在。相反，幼稚的和成熟性的，自我逻辑的和非自我逻辑的，都可以理解为我们与他者建立关系的两种不同方式。而通过这样的理解，我的目的在于显现这两种选择对于儿童**和**成人都是开放的，而也许我们应该说，我们只有通过回顾才能知道，在某个特定情境下我们最终呈现为孩子气的还是成人样儿的。然而，我们的年龄或身体尺寸不是这个问题的安全指标。

我在这里的最后一个评论是，尽管对我们每个人而言，我们的确需要注意自己要独自做些什么，但是，我们行动和生活的环境也会发出强烈而有影响力的信息。就现代生活由资本主义逻辑来组织的程度看，我们能说的是我们生活在这样一个环境中：它恰恰对中断或限制我们的欲望**没有**兴趣，但却对欲望的倍增倒是颇为专注，以至于我们会欲求更多，进而会购买更多。这种"冲动社会"(impulse society)(Roberts，2014)恰恰对我们的成熟特性不感兴趣，而是更愿意让我们固守幼稚性，因为那正是能够赚钱的所在。

教育工作：中断、悬停和维持

如果以上论述已让我们充分地(虽然不是完美地)趋近于理解以成熟的方式存在于世界并与世界共在，即**作为一个主体**，可能会意味着什么，那么我现在希望就一种特定的教育工作[4]来论述几点内容。这种教育工作可能会有助于让那种存在得以可能。

这里要提出的最重要的观点是，这样一种教育，即旨在让某种成熟性存在——于世界中存在并与世界共在——得以可能的教育，其主要原理就是**中断**(interruption)原理。而这个观点特别回应了那些流行的教育观念，即认为教育与促进儿童的发展有关，且要帮助儿童发展他们的天赋，并使其获得他们的全部潜力。我这个观点，部分是沿着阿伦特对作为主体的条件的反思而得来的，因为那些反思强调我们的主体状态并不由我们掌控。但是，这个观点最明显地来自列维纳斯所追求的思路，以及他提出的观点，即我的主体状态的事件，总是显现为我内在状态的**中断**，即那种"为我自己而存在"以及"和我自己而存在"的状态的中断，同时也是从这种昏昏欲睡的状态里觉醒。

尽管列维纳斯的表述听起来是抽象的，但是此处的主要洞见却是相对简单的，例如，如果我们看到我们都有向善和向恶的天赋，而且道德性和罪恶性二者都可以理解为发展过程的结果。这就很快揭示出教育任务不能永远只是促进儿童的发展，而是需要关注哪种发展是值得向往的以及哪种是不值得向往的，而这意味着根本性的教育姿态是中断发展，并质疑发展。它也揭示出教育任务不能永远只是让学生发展他们的天赋并获得他们的全部潜力，而这同样是因为我们应当追寻的是向他们的天赋和潜力发问，从而探索哪些天赋将有助于以及哪些天赋将阻碍"存在于世界的成熟性方式"，而这必须要求一种中断，而不是仅仅让所有的事物都显现、生长、流动和昌盛。提出教育仅仅是支持儿童的发展，仅仅是让每个学生发展他们的天赋并获得他们的全部潜力，因而是一个教育谎言，一个不仅对儿童和学生误导的谎言，而且作为一种语言误导让教育者用以描述乃至理解他们的任务究竟是什么。

就此而言，中断是最为重要的用语，因为它突出了教育工作的根本性结构，然而重要的是看到中断可以用许多不同的方式执行。有些方式是教育性的(即目的在于促进成熟特性)，而有些方式是非教育性的。执行中断的一种非教育方式，存在于我们所说的**直接**的道德教育形式中；在那种道德教育形式中，中断在教育者一方执行为一个对儿童和对他们开启的行动的直接的判断，即以谴责的形式："错!"，或赞扬的形式："对!"此处的问题不在于这种反馈本身，因其本身是重要的并且在某种程度上是有用的。此处的问题在于这样一个事实，即判断来自教育者并且运用**到**儿童身上，而这样做，相对于这种判断，没有给儿童时间和机会呈现为主体。儿童依然仅仅是教育者判断的客体(或者，对于那些能够处理一点语言用法的读者而言：儿童依然受制于教育者的判断)[5]。

我们也可以从"所欲求的"和"值得向往的"之间的区别来讨论这个问题。这个区别，如我已提到的，标志着两种存在方式的差异，即幼稚的方式与成熟的方式之间的差异。但是重要的是对其仔细解读，因为这一思想并不是表达"欲望"是幼稚的方式，而"值得向往的"是成熟的方式；而是成熟的方式以这样一种"能力"(但我们应该称之为一种意愿或欲望本身)为特征，即它区分并且思考一个人的欲望及其可能的

"值得向往性"。换言之，这个区别是人作为自己欲望的客体(或者用更精确的语言表述：人受制于自己的欲望)与人作为自己欲望的主体之间的区别。

只要教育者替代儿童或学生来决定他们的哪些欲望是值得向往的，儿童和学生就依然是教育者意图和活动的客体。因此，关键的教育挑战并不是仅仅告诉儿童或学生他们的哪些欲望是值得向往的，关键的教育挑战是让这个问题成为在儿童和学生生活中一个时刻存在的问题。这根本不要求直接的道德教育，而是暗示打开真正的和隐喻性空间的需要。在那样的空间中，儿童或学生能够与他们的欲望建立起关系来，正如在欲望升起时和随其而来的行动之间要求创造一个间隙一样。此处的教育原理是**悬停**(suspension)，我们也可以说，在时间和空间中暂停。它为我们与我们的欲望之间建立关系提供了机会，让它们显现，可感知，以便我们可以对它们做些什么[6]。再次强调一下这里的观点，这不是我们克服或摧毁我们欲望的过程，毕竟，我们的欲望是一种重要的驱动力；这是选择和转化我们的欲望，以便我们从受制于我们欲望的状态，转移到成为我们欲望的主体。这正是斯皮瓦克(Spivak, 2004，p. 526)写道的"对欲望的非强制性重置"，而这里的过程可能少一些她表达中所暗示的非强制性，并且除了重置，可能还会包含我们欲望强度的改变。

中断和悬停都发生在中间地带，都有让学生处于中间地带的愿望，因为在那里成熟特性才能得以成就。这意味着教育工作的第三个维度(可能是最重要和最不稳定的维度)，是支持学生待在艰难的中间地带。

这个维度包含提供**维持**(sustenance)；它以任何可想象的形式开展，以便学生能够忍耐存在于世界并与世界共在的艰难。但是，因为中间地带是学生遭遇世界的地方，所以这里的一部分教育工作还要让这种相遇得以可能，并且赋予这种相遇以形式——而这就与教学法和课程有了关联。更具体地说，这里的任务是赋予遭遇抵抗的经历以形式，从而出现一种真正的可能性，这就是让学生在这个世界的他者性和完整性中经历这个世界。因此，这也意味着提供时间，从而遭遇抵抗的经历，并且与这个经历做些什么，或者用美好而有趣的表述就是：**通过**这个经历而做些什么。

此处教育者的工作还要把遭遇抵抗的经历"组织"为重要的、有意义和积极的经历，并且对履行这个任务的许多不同方式时刻关注。这不是为了让事情变得困难而让事情困难，而是面对作为主体而在世界中存在这个问题，承认这样做有其至关重要的意义。如此看来，这是对另一种行为的警告，即通过使教育变得极有弹性、个人化，并且完全按照单个的儿童和学生定制等做法，把所有遭遇到抵抗的可能性从教育中去除掉。这些策略的危险在于把学生从世界隔离出去，而不是支持学生与世界建立亲密关系。给学生揭示"遇到抵抗"的经历在哪些方面以及如何具有教育方面的意义是重要的。这不仅仅是通过告诉学生来揭示，而且可以采取许多不同的形式来这样做。这样做为的是不让儿童接近对世界的摧毁(world-destruction)与对自我的摧毁(self-destruction)这两个极端。或者，与"不接近"这种"负面"语言相对而言，教育者的工作是在学生的内在中唤起某种想要待在中间地带的欲望。

把权力转化为权威：教学的美丽风险

如果中断、悬停和维持在某种意义上，是非常具体的活动，那么教师工作中还有一个维度几乎不在教师手里。这个维度涉及把权力转化为权威。此处的争议是，尽管教育性中断的"目的"指向学生的主体状态，但是当它们执行的时候，它们显现为权力行动，至少在一些情况中是如此，即学生没有请求让这样的中断发生，而这可能就是所有教育开始的场景。教育性的中断的愿望是把学生"转到"这样一个问题上，即他们所欲求的是否是他们应该追求的，而教育者大部分的工作，就是涉及创造时间、空间和形式，从而让学生能够遇到他们的欲望、审视他们的欲望，选择并转化他们的欲望。虽然关于所欲求的和应该向往的的问题作为一种有力的中断是由教师引入的，但是此处的愿望是让这个问题成为学生生活中时刻存在的问题。这里决定成败的是这样一个问题，即关于在我们生活中什么应该拥有权威，并且关于权威的问题恰恰涉及进入与他者的对话。这涉及让某物或某人在我们的生活中具有权威。这是让他者对我们讲话，可以说，让他者成为一个发起者(author)。

教师的教学目的指向学生的主体状态，而我们作为这样的教师，希望的是在未来的某一时刻，学生将会转向我们，并承认那初次看起来并不需要的中断——权力的运用——实际上有助于他们在世界上和与世界共在的那种"成熟性存在"，有助于他们的成熟性主体状态。当这样的转向发生时，并且只有当它发生时，我们可以说权力(总是独白式的和单向式的)已经转化成权威(总是对话式的和关系性的)(Bingham，2008)。但是，我们永远不知道这种"转向"**是否**可以发生，并且我们永远也不知道这种"转向"**什么时候**可能发生——它可能会发生在学生消失于我们(教育者)视野很久以后，以及发生在我们的(专业)生活结束很久以后。这意味着任何指向学生主体状态的教学首先都是有风险的，因为其结果是不可预测的。但是这种教学有风险，还因为作为教师，我们让自己冒风险，因为我们总是执行权力而通常不知道这种权力是否将转向为权威，转向为被接受且得到认可的力量。但是这不应该阻止我们冒这种风险，因为没有这种冒险，教育也将不会发生。而这恰恰应该帮助我们更好地理解教学和教育所具有的风险本质在总体上是什么，如果教育工作的目的是指向学生的主体状态，如果教育工作的目的是指向在另一个人的内在中唤起一种欲望，即想要以成熟的方式存在于世界。

结论

在这一章中，我提出教育工作应该为了什么的问题，或提出应该关注唤起另外一个人的某种欲望，从而让其想以成熟的方式而存在。由此，我已经力图回答了教育的任务是什么这个问题，或者也许我们现在可以说：教育的责任和教育者的责任是什么的问题。我已经力图阐明专注于"存在"包含些什么，强调了存在处于艰难的中间地带的重要性。这个中间地带位于对世界的摧毁和对自我的摧毁之间。通过以存在主义语言而非发展性的语言进行考察，我还力图为成熟特性的概念赋予了新的意义。并且，如果教学的目的指向学生的主体状态的话，我已经力图揭示了教师特有的工作，强调了中断、悬停和维持的角色。

21 由此我已经开始把教学与解放问题及自由问题再度连接了起来，与对学生的成熟性主体状态的教育性关注连接了起来。在下一章，我探索以上论述对教育中的"学习"问题意味着什么，更具体地说，对教学与学习的关系意味着什么。

注　释

[1]　法语原文为"Un élève-sujet est capable de vivre dans le monde sans occuper le centre du monde."

[2]　萨特在《存在主义是人本主义》(*Existentialism is a Humanism*)(Sartre 2007，1946)中写道："人首先存在，与他自己相遇，在世界中涌现，然后界定他自己。"

[3]　在英语翻译中，列维纳斯使用的实际用语是"egology"，参见 Levinas 1969，p.35。

[4]　此处，我以宽泛的意义运用"工作"一词，并没有特定的理论性夸大。

[5]　译者注：英文"受制于""经受"可表述为 be subject to，与英文"主体"(subject)同根同形。所以作者说这是语言用法的处理。

[6]　我在 2017 年的另一本著作中，更加详细地讨论了艺术能够为这一过程所做的独特贡献。

/ 第 2 章　让教学从学习中解放 /

如果重新发现教学的任务，至少在某方面是对学习语言和学习逻
辑（language and logic of learning）对教育的影响的一种回应，那么一个
关键的问题是我们应该如何理解教学和学习的关系。这就是我在这一
章中探索的问题。我论证学习并不必然是教学所涉及的或应该涉及的，
或者说学习并不必然是教学所追求的或应该追求的目标。让教学从学
习中解放出来，正如我提出的，可能会为学生打开新的或不同的存在
的可能性，特别是打开一些机会，即遇到以成熟方式存在于世界或与
世界共在意味着什么的机会。而如果我们把教学过于紧密地与学习捆
绑在一起，那么这样的机会可能会被提前阻断。

但是，削弱教学（teaching）[1]与学习（learning）之间的关系并不那
么容易，因为至少在英语里，短语"教学与学习"已是无所不在，以至
于让人感觉它是一个完整单词——**教与学**（teachingandlearning），以至
于教学和学习之间的联系如同这个短语看似表示的那样紧密和必要。
但是，教学和学习之间的关系究竟是什么？教学必然导致学习吗？教
学的唯一目标应该是促进和让学习发生吗？我们能够假定教学导致学

习吗？由此，教学和学习的关系要被理解为一种因果关系吗？或者，这是在概念层面上的意义之间的关系吗，以至于对"教学"一词的使用而不假定"学习"概念就毫无意义吗？"教学"和"学习"是必然联系着的吗？在学习的范围之外思考"教学"是可能的吗？如果明确地试图让学生不靠近学习，教学能有意义吗？而这为什么会是一个好的想法呢？

我致力于这些问题，不仅仅是为了澄清教学和学习之间的关系，而且也是为了探索在教学和学习之间被断言的联系所具有的限度和局限。这样做首先具有理论上的原因，因为教学和学习的关系问题看似直达教育实践的中心。但是，同样重要的是，我这样做还具有政治上的原因，因为这能够帮助我们更好地理解教师对哪些事物承担责任，对哪些事物不承担责任。考虑到政治家们和政策制定者们如今对教师们通常期盼过多，尤其是对那些——如果用毫无帮助的语言来表述——所谓的"学习结果"（learning outcomes）的"生产"（production）而言，我致力于这些问题是特别紧迫而重要的。

我以一个关于教学和学习之关系的文献回顾开启这一章，特别专注于来自教育理论和教育哲学的贡献。这一步的主要目的在于就教学和学习是必然而紧密联系的观点，我提出一些质疑。然后，我揭示出一些问题——这些问题来自最近在教育研究、教育政策和教育实践中兴起的"学习语言"。我强调教育话语的"学习化"（learnification）（Biesta，2009）已经使许多重要的教育问题被边缘化了，特别是关于教学的目的以及更广意义上的教育的目的。在这个背景之下，我进一步专注于"学习者"（learner）这一概念，询问在对学习的普通理解中，作为一个学习者而存在究竟意味着什么。在这里，我特别专注的观念是，把学习理解为"建构意义"（sense making）的行动，或者理解为"掌握"（comprehension）行动[2]。然后，我提出了一个认识论问题和存在主义问题。认识论问题涉及这样一种区别：作为建构（construction）过程（字面意义上的意义**制造**）的知道（knowing）及理解（meaning making），与作为接受（reception）过程的知道及理解。存在主义问题则涉及这样一种区别，即作为建构者而存在于世界，与作为接受者或"被他者面对着讲话的人"而存在于世界。依托此背景，在最后一步，我呈现了一个具体的课程案例。在我教的那门课程中，我请我的学生克制建构意义或理解，也就是说，克制学习。

教学—学习的联系：论教学、教学生和教小学生

发起讨论的一个有益的出发点是问这样一个问题：教学的总体意图是否应该是让学习发生。虽然许多人一见到这个问题可能会以"当然"来回应，但是有许多原因解释为什么让教学和学习多多少少分离开是可以理解的。这样做的一个明显原因是要远离一个错误观念，这就是教学可以被理解为学习的**导因**（cause）。这个观念与教学作为干预的概念有联系，与学习作为结果有联系，并且与教育复杂性的机械主义理解有联系。然而这个观念是有问题的，因为它把涉及学生成就的全部责任都压在了教师肩膀上。因此它暗示学生仅仅是干预活动的心甘情愿的客体，而不是在教育过程中自身也承担部分责任并思考着和行

动着的主体。那么，教学和学习之间的关系是什么呢？而且，如果教师导致的不是学习，那么教师应该打算使什么发生呢？

就第一个问题而言，一些作者已经论证过教学和学习之间的关系不是**事件**之间的关系［这是支持教学乃导致学习这一观点的预设(assumption)］，而是**概念**之间的关系，以至于"学习"这个词的意义被包括进(正当使用)"教学"这个词之中，或者说"教学"这个词的意义被包括进(正当使用)"学习"这个词之中。"教学"的意义被包括进"学习"一词的提法，能够很容易地被反驳，因为很明显，人们可以不需要教学而学习(但不预先排除可能存在实际上要求"教学"的学习)。可是，反驳"学习"一词的意义被包括进"教学"这个词中的看法，则有点困难，并且确实有作者论证"教学"概念**必然地**包括"学习"概念。比如，约翰·杜威(John Dewey)就是这样论述的：

> 教学可能被比作出售商品。除非有人买，否则没有人能出售。虽然没有人向某个商人买任何物品，但如果这个商人说他已经出售了大量物品，那么我们应觉得这个商人可笑。但是，也许有这样的老师，即他们认为自己已经做了一整天的教学工作，不管人们是否学到了什么。在教学和学习之间，有着和在出售和购买之间恰恰相同的等式。(John Dewey, 1933，pp. 35-36)

在极为广义的层面，杜威的提法可以理解，但是我们需要非常谨慎。这首先是因为我们要确保人们不把有关概念之间的关系的声明，解读为对事件之间的关系的一种断言。(在上面的引言中，杜威本人实际上几乎快要这样做了。)其次，这还因为，在概念层面，对教学而言即便不需要教学引发学习，"教学"这个词也可以被正确地使用。第二种情况与"教学"一词中的某些模糊性有关。

保罗·科米萨(Paul Komisar，1968)曾对教学作为一项职业(occupation)、教学作为一项总体事业(enterprise)和教学作为一项活动(act)作过一个有益的区分。当一个人说他/她正在教学时，他/她正在做什么？对于这个问题，职业、事业和活动提供三个不同的答案。一个人说自己在教学，首先意味着这个人或者是一名教师(职业)，或者她/他正致力于教学活动。关于后者，科米萨已经在总体的教学"事业"和具体教学"活动"之间提出了进一步的区分。教师在他们的学生身上花了一小时，可能是致力于教学事业，但是并非他们做的所有事情(比如：发放活页练习题，让学生排队，播放视频片段)都可以算作教学活动。科米萨提供了一个颇为值得关注的情境案例，即某教师刚才正表达他对某个话题的偏见，但然后停止，"并且最后又继续进行教学"(Komisar，1968，p.174)。这表明辨别某个特定行动为教学实例，并不是一个事实性问题，而实际上包含对某个行动目的和行动意图的**判断**，比方说，以这样的判断把教学与灌输区分开来(我会在下面再讨论目的问题)。

25

与我们讨论相关的第二个区别是：教学作为任务和教学作为成就(比如，MacMillan & Nelson，1968)。这个区别可回溯到吉尔伯特·

赖德(Gilbert Ryled)的著作。赖德从更为普遍的意义上，在**任务动词**(task verbs)(例如：比赛、查找和到达)和**成就/成功动词**(achievement or success verbs)(例如：胜利、发现和掌握)之间作了区分。(Ryled，1952)运用这个区分，我们可以说，使用"教学"意指"任务"，则并不必然隐含任务会导致成功，即任务后面紧随着成就。说"我教他拉丁语多年了，但是他什么也没学会"(Peters，1967，p.2)，这是"教学"在它词义的任务含义方面的正确使用方法。如果我们想转向它词义的成就含义，我们可能会这样说："我**曾试图**教他拉丁语多年，但是他什么也没有学到。"这些思考已经使得几个作者，比如伊斯雷尔·谢佛勒(Israel Scheffler)和B. 奥赛尔·史密斯(B. Othanel Smith)，提出了更强的断言，即在概念层面，"教"**不**隐含学习。这个观念在文献中以"标准论点"(standard thesis)而为人所知。(Noddings，2012，p.49)但是，如果教学的意图不是学习的话，那么它的意图可能会是什么呢？

为了回答这个问题，我们需要考察另外一个系列的意义模糊性，而这次它们与"学习"这个词相连。"学习"在英语中既用来指一个**过程**又用来指一个**过程的结果**(如果去探索在别的语言中"学习"如何运行会很有意思)。在第二种意义上使用"学习"这个词(即上段提到的所谓成就)并不会特别有争议，只要我们不从产品(成就在此处是一个更好的词)的角度来理解它。虽然有大量的文献处理学习定义的复杂性(如要看相关的概览和讨论，参见，比如 Hodkinson，Biesta & James，2008)，但是许多作者都同意一个基本的学习定义，即不是产生自身体成熟的且多多少少是持久性的变化。这个定义突出了学习并非涉及一次学习的**任何**变化，而是具有一些永久性的变化。并且这个定义对两种不同的变化做了区分，一种变化是个体与其环境互动后产生的结果，另一种变化仅仅是生物上或基因上的"编程"过程带来的结果。当我们说人们已经学习了，究竟是什么发生变化了？这是一个需要进一步详细阐述的问题。比如，这个变化可以是知识上的变化、能力上的变化、理解上的变化、行为上的变化或感情上的变化，等等。

许多作者会同意，实际引发如上理解的"学习"的，是学生所**做的**（虽然相对于这样的假定会有更多争议出现，而我会在下面再提到这个假定）。所以我们应该也用"学习"这个词来指学生所**做**的吗，而这也将会把"学习"用作一个任务单词？这实际上是对这个词的更不给力的运用，而且从我的观点看，在关于学习的讨论中，很大程度的困惑来源于让学习既指活动又指活动结果。我们已经能看到在某个情境中使用"学习"指示一种行动所带来的困惑，这个情境就是教师对学生说："在下面半小时中我想让你们学习"，而学生很可能会问："但是您想让我们**做**什么？"这让加里·芬斯特马赫（Gary Fenstermacher，1986，p. 39）提出："教师给学生传递或传达某些重要内容这样的观念，是教学让学习得以发生的一种说法，但这个观念实际上是错误的。教师其实是"指示学生如何从教师、课本和其他资源那里获得内容。"(p. 39)

芬斯特马赫因此论述教师应该追求的目的是进而教学的意图应该是他所提出的所谓"教学生"（studenting），类似于奥赛尔·史密斯（Othanel Smith）所说的"教小学生"（pupilling）（Fenstermacher，1986）。运用"教学生"的概念，芬斯特马赫能够以更为精确的方式表达教学活动是什么，即：

> 向学习者指示"教学生"这一角色所具有的做事步骤和要
> 求，选择要学习的材料，调适材料以便于它适合学习者的水
> 平，为学习者创建最合适的机会以便让他们获得通往所学内
> 容的路径……监督和评价学生的进步，以及充当学习者的知
> 识和技能的主要来源之一。（Fenstermacher，1986，pp. 39-40）

通过以这种方式区分"教学生"和学习，芬斯特马赫引入一些概念，从而让我们更为精确地表述教师应该想要什么发生。不仅如此，他还让如下行为得以可能，即更清楚地辨别出在教育关系中谁负责教育过程中的哪一部分，进而明白谁对什么负责。他对此做如下解释：

> 在这个新的格局中，教师被要求对作为一个学生而特有
> 的活动（"学习"的任务含义）负责，而不是对学习者所表现出
> 的对知识内容的获取（"学习"的成就含义）负责。因此，一个
> 学习者如果没有通过在讲授内容范围内的、可信可靠的合理
> 测试，那么他必须为此失败承担主要份额的责任。就程度而
> 言，即学生缺少（被教师）所教的应需技能从而令其在测试中
> 表现良好，学生没有（被教师给予）机会练习这些技能，或者
> 学生被（教师）以没有成效的方式鼓励去致力于要学习的材料，
> 那么教师必须为学生在测试中的失败承担主要份额的责任。（p.40）

因此，对芬斯特马赫而言，"教学生"的活动结果依然被描述为学习，这解释了为什么他把依照教师的"教学生"(the studenting)角色所提出的要求而行动的人，称为"学习者"而不是"学生"(关于这个区别，另见 Biesta，2010c)。尽管如此，但是"教学生"这一概念有助于在教学和学习之间创造出一些距离。科米萨(Komisar，1968)则更进了一步。他不仅明确声称"学习不是'教师'打算生产的事物"(p.183)，而且他还提出教学的意图可能会更好地在这样一个用语中描述出来，即"旁听生"的"感知"，对科米萨而言，不同于学习者或学生的感知，旁听生**"成功地意识到(教学)活动的意义"**(p.191；强调为原文所加)。

到目前为止，我已经建立起来的观点是，我们既不应该把教学想成学习的导因，也不应该认为教学必然地旨在让学习发生。我也已经揭示，在"教学"和"学习"之间没有必然的**概念性**联系。通过运用芬斯特马赫的观点，我们可以说，学习作为任务和作为成就是"属于学习者"的，而教师应该促使发生的事物并非学习本身，而是"教学生"这一活动。在这样一种格局中，学习最多是"**教学生**"活动产生的"影响"(effect)，而不是教学活动的效果。这是一个有益的洞见，因为它更准确地表明教师能为哪些事物负责和能被哪些事物问责，以及不能为哪些事物负责和不能被哪些事物问责。

在教学和学习之间创造出一些距离之后，下一个问题是，在教育中我们实际上需要多少学习，或者在教育中我们实际上应该想要多少学习。这把我带到我论证的第二步。

学习的问题：教育的"学习化"[3]

诸如芬斯特马赫这样的作者们提供了一个强有力的论证，以反驳教学目的应该旨在使学习发生。但是芬斯特马赫依然把学习看成是这一过程的最后一步，因为最终，"教学生"活动应该导致学生们的学习。正是关于这个主张，我需要突出一下由学习的角色和地位所带来的进一步的问题，特别是相较于一般意义上的教学和教育来说。第一个议题与我已在别处所指的对教育话语和教育实践的"学习化"（learnification）有关。（特别参见 Biesta，2009；2010a）"学习化"，相对来说，指的是近些年来的一个趋势，用以表达大部分（如果不是全部）"关于教育的话题用学习的语言来言说"的现象。我们能在这样的趋势中看到，把学生、儿童和成人指称为"学习者"，把学校指称为"学习环境"或"学习场所"（places of learning），并且把教师看成"学习的辅助者"（facilitators of learning）。把"成人教育"领域重新设计为"终身学习"的领域，这些是"学习的新语言"（new language of learning）（Biesta，2009）兴起的更大范围和程度的实例，正如"教与学"这一用语的无所不在一样。

我在这里提出的观点是，学习语言作为一种教育语言是**不充分的**。这意味着声称教育的意图是学生学习，或者参照芬斯特马赫的说法，"教学生"的活动应该导致学习，都并不完全准确。这里的议题，用最简短的表述说，即教学的意图，且更广义地说教育的意图，永远不是学生"仅仅"学习，而总是他们学习**某事物**，他们为了**某些原因**而学习

它，并且他们**从某人**那里学习它。随学习语言而来的问题是，它是指*28*

向一个过程的语言，而且就内容与目的而言，这个过程是"开放的"和

"空洞的"。因此，仅仅说儿童应该学习，或者教师应该辅助学习，或

者我们应该是终身学习者——假如这些表述说了点什么的话——实际

上所说的微乎其微。

与学习语言不同，教育语言总是需要关注**内容**、**目的**和**多重关系**。

教育中学习语言的兴起带来的危险是：这些问题不再被过问，或者这

些问题已经被认为有了答案(比如这样的观点：唯一相关的内容是学术

性内容，唯一相关的目的是学术成绩，唯一相关的关系是教师训练学

生以便他们能够产生尽可能最高的考试成绩，为他们自己，为他们的

学校，以及为他们的国家)。

这三个维度(内容、目的和多重关系)中，在我看来，目的是最为

重要和根本性的问题，因为，只有当我们已经能够表明通过我们的教

育活动和努力我们试图获得什么，我们才能决定学生应该致力于的合

适内容，才能决定多重教育关系可以如何被最高效地和最有意义地运

用。是的，正如我在我的其他著作(Biesta，2010a)中已经指出的那样，

把教育和其他人类实践活动区别开来的是这样一个事实，即它不是只

对一个目的而工作，而实际上是对多个"目的领域"(domains of pur-

pose)而运行。

这个论证相对而言是简单的，且始于这样的观察：在所有的教育

实例中(既在国家课程或学校体制的"大"层面，又在教师与学生互动的

"小"层面)，教育总是关于一些内容(知识、技能和性情)的呈现与获

得，但又总是把学生引入特定的传统、特定的做事方式和特定的存在方式中，除此而外，教育对学生成长总会有一个影响(既是积极的影响，比如，给他们知识、技能和与社会网络的联结，从而赋予他们力量，又是消极的影响，比如，当他们被告知"知道自己的位置"那一刻)。如果以更为理论性的语言表述，教育因此总是相对于三个领域而运行：**资格化**的领域，**社会化**的领域以及我更愿意称之为**主体化**的领域，即学生能够以各自的主体而存在，或能够成为他们各自的主体，而不仅仅始终是别人欲求和指令的客体。

如果情况的确如此，即教育总是相对于这三个领域而**运行**，那么，要求教师以及参与教育设计和实施的人们，对他们在这三个领域中任一领域的工作之潜在后果，承担起明确的责任，这是合理的。这意味着资格化、社会化和主体化不仅呈现为三个**教育功能**，而且表现为三个**教育目的领域**(domains of educational purpose)，三个在本质上不同的领域，并且关于那些目的而言，我们需要声明和辩护：我们力图与我们的学生获得什么，以及我们想让我们的学生获得什么。

尽管资格化、社会化和主体化可以被辨别，但是重要的是看到它们彼此之间不能分离。一方面，这意味着即便声称只是专注于资格化的学校，依然在社会化领域和主体化领域发生影响。另一方面，这意味着教师和其他参与教育的人们，总是面临在三个领域之间找到**有意义**的平衡，并牢记在一个领域中能够获得的常常会限制或干预在其他领域中可以获得的(比如，想想过分专注于资格化领域中的成就，对另外两个领域产生的负面影响)。

以上所揭示的是为什么主张教育的意图只说学生应该学习，或者只说教学应该导致学习[不管是直接地，还是通过教学生(studenting)或教小学生的活动(pupilling)]，是不具建设性的。不表明应该学习的事物是什么，更重要的是，不表明应该学习某事物是**为了什么**，即目的问题，则导致学习语言(或学习话语)不能够提供一种方向感，这恰恰是它作为**教育**语言的缺失所在。

做一个学习者：政治与身份认同

如果前面部分已经揭示了关于学习**语言**的问题，那么我还希望讨论一些与学习者的**存在**相关的议题，即关于"作为"学习者，或以学习者身份"存在"，意味着什么。这些问题一部分与学习政治(politics of learning)(关于此用语见 Biesta，2013b)有关，一部分与学习者的身份有关。让我们从学习政治开始讨论。

学习语言受到欢迎和获得声望的一个原因，可能与这样一个事实有关：学习被日益看作自然事物，于是又被看作**必然发生**(inevitable)的事物，即我们无时无刻不在做的事情，我们不能**不**做的事情。比如，关于终身学习，约翰·菲尔德(John Field，2000，p. 35)曾经论述过学习是一件"不能避免的生物性事实，(并且)我们学习就像我们呼吸，时时刻刻，不会有一丁点刻意。"从学习是自然的、必然发生的和不可避免的事物这一观念看，到我们听到政策制定者说我们因而**必须**(must)学习，只需一小步，而这样的信息实际上正日益在全球扩散。下面这个来自联合国教科文组织一个报告的声明就是一个例子：

> 我们现在生活在一个瞬息万变而复杂的社会、经济和政治世界中，而身在其中的一系列环境中，我们需要通过不断快速获取新知识、新技能和新态度以适应之。除非一个人成为一个终身学习者，否则她/他将不能迎接生活的挑战，并且，除非一个社会成为一个学习型社会，否则它将是不可持续的。

这仅仅是学习被用于策略的一个例子——或许我们可以说：学习被操控了——用于追求一个非常具体的政治意图，而这个意图很可能是为社会某个特定部分关于具体的利益而服务的。在这段引言中，学习似乎服务于全球资本主义经济，而这样的经济需要一种灵活的、可应变的和可调节的劳动力。在这样的语境中，学习被描绘为一种**应变**(adaptation)的行动，甚至不暗示一下可能需要的疑问：一个人应当适应的事物**是什么**，并且，在一个人"决定"去适应之前，**为什么他/她**应当去适应那些事物。个体的"学习自由"(freedom to learn)(Rogers，1969)和服务于民主的学习理解(如 Faure et al.，1972)都消失了。取而代之的是，学习看起来已经成为一种义务(duty)，确实不能逃避，这在终身学习的观念中给"终身"一词以一种具有讽刺意味的寓意。

以上提供了一个"学习政治"动力的清晰案例，其中政治困境，比如经济问题、就业问题和社会凝聚问题等，统统都转变为学习困境，其中个体被赋予任务，要求通过他们自己的学习(且通常自己花钱)来解决那些问题。在有些情境中，对于学习的请求和要求是完全合理的，比如，我们合理地想让人们在驾驶汽车之前去上驾驶课，或者在从事医疗工作之前接受恰当的教育。但是，要求人们学习，不应该覆盖所有情境。毕竟，还有一些情境，在其中要求人们学习是不合适或不合理的，正如我们不应该对任何情境都情愿去应变或调适。此外，还有一些情境，人处于其中实际上没有什么要学习的，比如，关于这样的问题：在民主中谁可以有一个声音；这个问题与作为公民的(合法)地位有关，而与通过公民身份考试的外显能力无关。(见 Biesta，2011a)

如果以上揭示了特定政治力量是如何把我们"定位"为学习者的，并且表明为什么不立刻和不自动接受这种定位可能是重要的，那么，我希望讨论的另一个观点与更为广义的"学习者"(the learner)身份有关，也就是与这样的问题有关：**作为学习者**而存在意味着什么。这是一个复杂的讨论，因为从某个层面看，学界存在许多不同的学习定义和概念(Ileris，2008)，并且也许不可能把它们都归在同一个类别之下，甚或辨别出一个共同的要素。但是，我希望提出的是，在当代学习概念中一个强劲的趋势是把学习视为**掌握**，即一种理解的行动，一种获得"在那里"的世界(既可以是自然世界也可以是社会世界)的相关知识和理解。我们可以把它的深层"姿态"指称为解释(学)姿态(hermeneutical gesture)，如此，对"我"而言，世界呈现为我力图带入我的理解之中的事物[4]。虽然理解的任务在持续着，即每个解释学循环增加和修改我们已有的理解，这样又为下一个循环提供了一个新的起点，如此往复循环，但是，学习作为掌握，把我们以一个非常特定的方式置于世界中，且把我们以这样的方式置于与世界的关系中。

人们可以说理解行为和解释行为总是始于我们所在之处（可以说，它们从自我发出）而走向世界，并且以某种方式返回到自我。如此，作为掌握的学习把自我置于中心，并且使得世界成为自我之掌握的客体。当我们细察掌握一词的词源时，我们不只是发现了"完全地"（com）"抓住"（prehendere）某物这一思想。而且，拉丁语"hendere"实际上与"hedera"是同一个词根，而后者在拉丁语中是常春藤的意思，这引发出的意象是一个长满常春藤的建筑，以至于常春藤甚至可以摧毁那个建筑。

我运用这些词汇和意象为的是强调，"学习作为掌握"把我们以一种特定的方式"放入"世界和"放入"与世界的关系中。尽管以这种方式存在于世界和与世界共在，明显具有其地位，但是我希望提出的观点是，如果这是我们构想我们与世界的关系以及我们在这个世界中的位置的**唯一**方式，那么我们明显地限制了我们存在的可能性，即限制了我们存在于世界并与世界共在的可能性。学习作为掌握的一个重要局限是，它把自我置于中心，并把世界变成自我的一个客体。这样做可能变为一个强式的行动，使得世界（别忘了世界既是自然世界又是社会世界）越来越难以按它自己的状况说话，即作为一个对我讲话，向我说话、中断我，限制我的世界，和作为"让我离开中心"的世界，而不是这样一个世界，即"接受"了我已是这个关系的中心和源头。我提出的观点暗示自我和世界的一种不同寻常的关系，其中自我提出的首要问题不是"我如何能理解?"而也许更接近于这样的问题:"这是在向我要求什么?"

我并非在主张不是这个就是那个;并非主张要么我们在中心,然后"出去"掌握,要么我们处于中心之外,力图弄明白我们正在被要求什么。我是在主张,如果我们对学习的主要理解是一种发自中心的掌握行为,并且如果我们在进一步主张这是我们存在的自然而不可避免的方式,那么,我们将以这样一个情景而告终:这种学习的概念和这种学习身份开始限制我们的多种存在可能性,限制我们在这个世界上的机会,以及限制我们与这个世界共在的机会。之所以不立刻或不自动地假定学习是好的和值得向往的,并且不立刻或不自动地假定学习者身份(learner identity)是"存在的方式"或"**唯一**存在的方式",其更深层的原因也许就在于此。

建构、接受和被对着讲话:多种存在可能性

在我转向以上任何论述是否可以在教学实践中产生不同局面这一问题之前,我希望间接提一下在我目前所论述内容的背景中发挥作用的哲学讨论。这些讨论一部分与知识的地位和本质有关,属于认识论或知识论的领域,而一部分与存在主义问题有关,即我们如何理解我们在世界上的存在以及与世界共在这样的问题。关于知识的问题,在哲学史中,在知识来自"内在"的观念与知识来自"外在"的观念之间有着持续的讨论;前者通常指称为理性主义(rationalism),而后者通常指

称为经验主义(empiricism)。有一些激进的经验主义者(radical empiricist)，他们相信意识是一个"白板"(约翰·洛克)，而且相信所有的知识来自外面。同时，也有一些激进的理性主义者，他们相信所有的知识基本上已经"在意识中"了，并且学习和渐渐认知基本上是回忆的过程(比如，这是柏拉图的观点)。

在这个讨论中，一方面会提及这样一些情境：我们的感觉明显误导我们，典型的例子就是在水中的棍棒，即当它在水中时显现的是折断的，而当它在水的外面或完全浸泡在水中时则是笔直的；另一方面还会提及这样一些情境：我们强烈感到我们知道某事物，但是永远都不能感觉到它，比如，因果律的观念(这点是大卫·休谟提出来的，即我们能看到常规性和相关性，但是永远不能观察到深层的因果"机制")。伊曼纽尔·康德通过他的名言"没有概念的感知是盲目的，而没有感知的概念是空洞的"，使其著作通常被理解为是对经验主义和理性主义的综合。

自康德以降，就有了关于认知和学习的建构理论的或多或少的观点，特别是让·皮亚杰(Jean Piaget)和厄恩斯特·冯·格拉斯菲尔德(Ernst von Glasersfeld)的著作。那些观点在当代教育中极具影响力(见Richardson，2003)，并且实际上已经明显促进了学习语言的兴起，促进了教学被重新定义为对学习的辅助(facilitation of learning)。建构主义基于的直觉是认知和学习是这样一个过程：认知者和学习者主动地建构他们的知识和理解，即他们**制造**感知(make sense)；它不是这样一个过程：认知者或学习者被动地接受这些知识和理解(若想了解有关综述，见 Roth，2011，特别是第 1 章)。这种直觉更为流行的解释是这样一种主张：我们只能**靠我们自己**来学习、明了和理解，且没有人能为我们做这些。虽然这样的直觉自身没有问题，但是它没有解决深层的认识论议题，因为我们"靠我们自己"所做的，依然可以从建构的角度或从接受的角度来理解。然而，这一系列观念有力地推动了朝着"学习者"及其活动的方向转变，而且，在这样的"位移"中，这些观念使得讲授式的教学(didactic teaching)观念受到质疑，甚至可能使总体而言的教学观念也受到质疑(关于这个问题，见 Biesta，2012b)。

我这里没有足够篇幅涉及认识论的细节，这不仅是因为这一讨论所具有的复杂性，而且因为这个讨论还在持续，还因为出现了一批挑战建构主义"霸权"的著作，比如，这些著作强调所有的认知实际上都源于根本的被动性和接受性，而不是有意进行建构的意识活动所产生的结果(关于这一点，见 Roth，2011；关于更广的讨论综述，见 Gordon，2012；另见 Biesta，2017，特别是第 7 章)。本章中这一思考方式 *33* 的重要性在于，这些对认知的意义的不同理解，与对"在"世界中的意义的极为不同的构想有关。它们与极为不同的存在方式有关，因而打开了极为不同的存在可能性。让我简要揭示一下那些成败攸关的差异。

知识作为建构过程的观念，伴随着对人的存在的一种构想而来；这种存在构想类似于我之前已经说到的掌握行为。建构行为把"认知者—建构者"放在行将认知的世界的中心，因而把世界——自然世界和社会世界——放在了客体的位置：**我**建构的客体，**我**理解的客体，以及**我**掌握的客体。从存在主义的角度看，我们可以把这想成是主宰的行为，即通过我的认知行为，我力图主宰世界。这一态度在技术性地与世界建立关系过程中特别明显，在那里，通过技术的发展，我们试图控制和主宰世界。此处，在极其根本的意义上，我的存在"发生"在世界的存在之前：我假定我首先在那里，为的是**然后**开始理解世界。它也意味着我假定世界**为我**而存在，即世界作为一个客体由我以某种方式自行支配，从而把这个客体弄明白，建构有关它的知识[5]。

然而，把认知构想成是一个接受的"事件"而不是一个建构的"行动"，则把我们与世界置于一个非常不同的关系中。在某种意义上，我们可以说，把认知想成接受（reception）恰恰与把认知想成建构是相反的。当我们把认知想成接受时，世界并不显现为一个由我们自行支配的客体，而是朝向我们而来的"某些事物"。那么，认知不是一个支配或控制的行动，因为我们对世界的态度，不管是自然世界还是社会世界，并不是技术性的，而是可能更好地描述为一个倾听世界的过程，一个关注世界的过程，一个关爱世界的过程，以及甚至是承载世界的过程。（见我在第 1 章中已经说到的"Auftrag"和"opdracht"）此处最为重要的差异在于行动（activity）和被动（passivity）之间，或用稍稍不同的用语：在于意向性（intentionality）和接受性（receptivity）之间，以及在于世界作为由我自行支配的客体，和世界作为拥有其自身的"客体性"的客体（或者用更为准确的词：自身的完整性的客体）之间的差异。

建构和接受为我们提供了我们与世界联系的两种不同方式，然而可以辩论的是它们的差异在于我们作为建构者和接受者如何**联系**世界。但是，在两种情况中，在某种意义上，其前提依然是**我们**先于世界而存在，以便我们在那样一个位置能够开始建构和接受。这意味着相对于我们如何理解我们自身和世界，至少还有进一步思考的存在可能性。此处，建构和接受都预设一个自我的存在，这个自我要么建构，要么接受，如果是这样，那么至少存在另外一种理解自我和世界的关系的方式，这就是世界在某种意义上"先于"自我而来，并且自我从与这样的世界的"相遇"中浮现。

34

这一点表述在这样的观念中，即我们作为主体的存在恰恰不在我们手中，可以这么说，不是由内而外产生的，而是在我们回应一个对着我们的讲话时浮现出来的，在我们回应"被他者向我们讲话"的经历中浮现出来的，或在"被他者向我们言说"的经历中浮现出来的。这一点我在前一章中已经有所呈现，并且会在下一章中进一步探索。此处特别重要的是，思考**收听**（listening）和**被（他者）对着讲话**（being addressed）的差别。收听，开始于自我——这个自我打开他/她的耳朵以便去收听；可是，被（他者）对着讲话，则来自我们"之外"，并且在某种意义上"请求"我们回应（关于"收听"和"被他者对着讲话"的区别所具有的教育含义，Biesta，2012a）。

当然，关于对认知的不同理解、关于对存在于世界意味着什么的不同理解，还有更多可以说的。通过呈现多个可能性，即多个存在可能性，我至少已经表明我们在世界上的存在，可以从多个不同方式去理解，而不是必然地和学习及其逻辑捆绑在一起。此处不仅有理论上的选择，而且有重要的实践影响的可能性。比如，想想对世界的技术性态度所具有的方式，它不是光产生出许多益处，它还位于我们当下面临的许多生态问题的核心之处。同样地，在我们与他人的关系领域中，比如伦理中和政治中，支配和控制的态度，相比倾听、关爱或被（他者）对着讲话的态度而言，会产生出非常不一样的关系。那么，这对教育意味着什么呢？

无须学习的教学："收养一个概念"

到目前为止，我已经试图揭示教学和学习之间的关系不是一个必要的关系，而且学习观念和学习者观念并非没有问题。这意味着，我们至少不应该想当然地认为，学习和作为学习者就是好的和应该向往的。我也已经揭示，学习作为一种掌握行为把我们放在了和世界的一种特定关系中，并且其他关系也是可以构想的、可能甚至也许是应该向往的。这可能意味着有很好的理由去把教学从学习中"解脱"出来，至少为我们的学生打开其他的存在可能性，但问题是这些在实践中是否可能。在我们与学生的工作中，把学习拎"出去"是否可能？如果我们这样做，如果不是为了学习的目的而教学，这依然算是在教育上有意义的事物吗？在这一部分，我希望分享一些来自我两年前开设的一门课程的经验：在这个课程中我的确试图把学习拎"出去"。

35　　　这里所要讨论的课程是我给教育专业的博士生上的两周研讨课。这个课程的组织，是围绕从我的书《教育的美丽风险》(Biesta，2014)中提取的七个关键教育概念而进行的。这些概念是创造力、交流、教学、学习、民主、解放和造诣。在对课程进行了介绍之后，我们把每次讨论课分配给每个概念，探索它们的历史，它们的意义以及它们的重要性和相关性。在某个层面，我邀请学生探索这些概念和他们自己的研究任务之间的联系，以便他们对那些概念的理解能够扩展和加深，并且他们也许可以把那些洞见整合到他们自己的工作中去。这种做法是开展类似博士课程的一种相当普通的方式，其基于的假定是，在课上讨论的所有内容并非全都与学生们在做的事情相关。换句话说，学生们可以在他们试图从这类课程中学到的事物之中有所选择。

然而，在那时我提醒学生们，教育可能不仅仅是关于增长和加深已经在那里的事物，比如他们的正在浮现的理解，而是教育也可以理解为学生和新的事物的相遇，和他们恰恰还**没有**的事物的相遇。可以这么说，我们可以把这想成是与毫无理由向你而来的事物的一种相遇，因为如果它是真正崭新的事物，真正从外面向你而来的事物，那么学生可能没有任何固定点去联结向他们而来的事物，因此可能没有能力明白向他们而来的事物的原因。于是，向他们而来的崭新事物可能让他们感觉像是一种需要承载的负担，而不是已经熟悉的事物，也不是能容易整合、增加到学生已有认知及理解中的事物。我向学生提出类似这种事情也能在教育中发生，即你遇到了向你而来的事物，而不是你向它走去，试图抓住它、试图理解它、试图掌握它。于是这个向你而来的事物确实对你呈现为一个负担，你可以或者选择承载它一段时间，或者不这样做。而如果你决定承载它，随着时间的推移，你可能与它发展出一种关系，甚至生出想拥有它的欲望。谁知道呢？

在这个背景下，我为这个课程引入[6]一个附加的组织原则，即"收养"(adoption)原则，因为我觉得"收养"这一观念非常接近这个极为不同的经历：遭遇从外面向你而来的事物，且你对这个陌生事物没有多少控制或选择，但是如果你决定与它待在一起，你可能会发展出一种与它的关系。所以，我没有对学生要求在这类课程中通常被要求做的，那就是理解和明白正在讨论的概念，并把它们整合到他们研究工作中的"理性"中。但是，我要求学生们"收养"众多概念中的一个，并且我用这个词表达的意思就是它字面上的意思。我邀请学生们让其中一个概念进入他们的生活。我要求他们与其中一个概念共同生活两周时间，最后在两周结束时，向我和其他学生做一个关于他们的收养经历的报告，即描述在他们试图与那个概念共同生活两周期间发生了什么。因此，我没有要求他们呈现他们对概念的理解，即我没有要求任何"掌握"，但是，我试图为他们在面对课程中的概念的状态下，开辟一种不同的存在可能性(existential possibility)。

我没有强迫学生这样做(至少我认为我没有)，但是我的确说如果他们愿意参与这个实验的话，那么我们应该从一开始就认真对待"收养"观念。认真对待"收养"观念，首先意味着学生将不能**选择**他们想要的概念，而是应该公开宣称收养其中一个概念的意愿，然后看什么会发生。毕竟，当你愿意收养一个孩子时，你对你要收养的孩子几乎没有选择，这不仅是因为孩子的实际来临显得唐突，比如晚上的一个电话、第二天早上7点在你门阶前的一个孩子、需要你说"是"或"不"。这还因为，和每一个孩子在一起时，你永远不知道孩子将会成为什么样的，而这意味着你对你真正不能预见的事物承担责任(我在第5章回过头来讨论关于不能预见的主题）。于是，在第一次研讨课快结束的时候，我在桌上留下几片折叠起来的纸张，每张纸片上写有七个概念中的一个，并要求学生拿取其中一片，还要让纸片上的那个概念进入他们的生活。

几乎所有的学生都这样做了。有一个学生在拿取纸片前就已经盯在某个概念上了，然后我告诉这个学生说这也是完全可以的。在两周的时间里，我们按照惯常的方式开展课程，在每次研讨课上探索和讨论每个概念的错综细节和复杂性。在研讨课中，我们的确致力于"理解"和"建构意义"，那么在这个意义上，人们可以说研讨课是对"掌握"的操练。即便在这样的背景下，学生们还是带着他们自己拿到的概念。对于学生和他们带着的概念在两周期间所发生的一切，我一无所知，并且我从来没有想要知道这个，但的确希望在最后一次研讨课中分享一些反思；在那次课上，我邀请学生们想分享多少就分享多少关于他们和各自概念共处的经历。

值得关注的是，对所有学生而言，放弃他们的学习者身份，并就这个课程及其内容而言转向一种不同的存在方式，都并不容易[7]。有几个学生展示的报告是较为"传统"的努力，试图弄明白概念的意义、探索它的意义和重要性，而很少揭示遭遇那个概念意味着什么，与那个概念共处意味着什么，以及携带着那个概念意味着什么，简言之：与那个概念共同存在意味着什么。我对此没有给予任何判断，但是发现学习作为掌握的观念看起来非常根深蒂固，所以从这种身份中转移出来，真是说起来比做起来容易。我已经暗示过这样一个事实：通过建议学生让某个概念找到他们，而不是他们能够选择概念，我刻意把选择时刻从这个课程中去掉。在多数情况下，学生对此是持开放态度的。同样，我还是不希望对此做任何判断，而是强调，选择也是现代学习者身份的核心部分，因此是需要一些努力来摆脱它的。

可是，对于多数学生而言，概念本身已经成为一个实在（reality），而不仅仅是一个概念。他们所提供的陈述，无论是关于他们与"他们的"概念首次邂逅的陈述，还是关于他们与这个概念共处后的陈述，都是令人着迷的，并且在某些案例中是非常令人感动的。一些学生遇到的概念，很大程度上在之前就已经是"他们的"概念了。比如，遇到"解放"概念的学生陈述说，解放问题一直都是一个主要的生活主题；就此而言，这个学生认为与这个概念的相遇，是对这个主题的重要性的显著确认，或者以稍微不同的表述说，这是与这个主题的又一次邂逅。其他学生也说到了他们自己与所遇概念之间的显著的匹配方式。

还有一些学生，对他们而言，事情恰恰朝相反的方向运行，比如，有学生暗自希望**不**与"学习"概念相遇，但这恰恰是"降临"在她身上的概念。这个学生详细叙述了她是如何把这个概念（或者实际上是我已在上面写了那个概念的小纸片）放到自己背包内的最下面的。但是，在整整两周的时间里，她能够感到那个纸片在那里，作为一个有形的存在，作为她不得不承载的负担，作为看似正在从她那里想要求些什么的事物。另外一个学生讲述了在邂逅他的概念时的类似反感，以及他与此概念建立关系的艰难，尽管随着时间的推移，他和那个概念的关系的确发生了变化。这个学生讲述说那个概念在夜间被放在楼下，但是这个概念让自身的存在被他强烈地感觉到。

这些例子揭示了概念不"只是"概念，而是在许多情况中，概念在学生们的生活中慢慢存在为实在（realities），存在为或被珍惜或被反感的事物，存在为向他们大声呼喊的事物，存在为向他们讲话的事物，存在为希望在他们生活中有一席地位的事物，尽管对一些学生而言，和其他一些学生相比，更容易容纳那些事物，即为那些事物提供空间。不仅如此，在这些案例中发生的是：学生与概念的相遇以及他们收养概念的请求，把他们推动得"超越"了传统的学习者身份，把他们从"掌握"移开，而朝向存在于世界和与世界共在的极为不同寻常的方式。"掌握"对学生而言变得不那么核心这一点，极好地被一个学生展示了：在最后一次研讨课上，我们进行了一次非正式的聚会，这个学生询问我在课程较早阶段说过的某个内容。他的问题是这样开头的："我当时没有理解它，但我并不真正在乎这点"，但紧接着，我被请求重复我早些时候已经说过的那个内容，以便于那个内容可以再一次地被邂逅。

我希望提出的观点是，学生们收养某个概念的那些经历是重要的，这并不是因为他们获得对概念的更为深入的理解（别忘了，那正是我们试图使其脱离我们的事物）。那些经历重要是因为，"收养概念"这一要求，为他们开辟了人的存在的不同可能性，开辟了与"理解的默认模式"不同的、存在于世界及与世界共在的其他方式。"收养某个概念"这一请求，要求学生放弃一些对世界的控制。"收养某个概念"要求他们让某些事物进入他们的生活，而他们对那些事物几乎没有选择，并且关于什么会随着那些事物来临，他们也几乎一无所知。此外，"收养某个概念"要求他们关照进入他们生活的那些事物，即便是在这样一些情况下：他们对进入他们生活的那些事物没有独特的亲近感，在一些情况中甚至有某种真正的反感[8]。通过让学生脱离"掌握"，即通过要求他们**不**去学习，不去解释，不去建构理解，这样的请求把学生以不同的方式置于世界，并且让他们经历一种不同的存在方式，一种不同的存在于世界和与世界共在的方式。这样的请求不仅就其本身而言是重要的，而且，它还揭示出"学习"不是教学能够开展和教育能够发生的唯一有意义的方式。

结论

在这一章中，我已经力图论证，教学和学习的关系不是一个必要关系，也不总是自动成为一个值得向往的关系。而且，我已经提供了一个简短的例子，表明如果学生被明确要求抑制学习的话会发生什么。所有这些不是打算去贬低学习，或者论证在教育中不应该有学习的位置，而是强调学习不是教育中最为重要的部分，而只是教学能够试图指向的人的一种存在可能性。让教学从学习中脱离，揭示**教与学**（teachingandlearning）并**不是**一个单词，这在以下目的中是重要的，即揭示学习是一个非常特定且在某种意义上是我们与世界建立关系及存在于世界的非常有限的方式。不仅如此，让教学从学习中脱离，让学习从课堂上脱离，在以下目的中也是重要的，即为学生开辟其他的存在可能性，特别是不把他们和他们的意义建构放在教育过程的中心，而是让他们遭遇向他们而来的事物。这些事物"超越"于他们的意义建构，也就是如我所言，这些事物是来自理性之外的。向学生讲话的事物，冲他们说话的事物，可能从他们那里有所请求的事物，可能呼唤他们的事物，以及可能让他们产生某种回应的事物，因而可能会把他们的成熟的主体状态呼唤到世界中来。

注　释

[1]　译者注：原文为英文 teaching，中文一般约定俗成地翻译为"教学"，在某些情况下会翻译为"教"或"施教"。本书虽然采用了广泛通用的翻译"教学"，但此处作者的主要意思是"教"，是与"学"相对而言的。在中文世界中，"教学"一词的通用现象，或以"教学"表达"教"的现象，在某种层面上反映出，在中文世界的表述里"教"和"学"的关系紧密性和难以分割性，而这和英语世界 teaching 表述的情况十分相似。

[2]　译者注：英语"comprehension"一般翻译为"理解"，有时也翻译为"掌握"。此处翻译为"掌握"与原文更贴近。Comprehension 的动词 comprehend，从其词根来看来自古法语"comprehender"，或者拉丁语" comprehendere"，包含前缀 com-，即"together"（一起），与 prehendere，即 "grasp"（抓住）。

[3]　有读者之前已经遇到过呈现在此部分中的一些思想，我向这些读者表示歉意，但是，那些思想是我这里总体论证中的一个重要步骤。

[4]　在下一章中，我详细讨论了把这称为解释学姿态的原因。

[5]　露丝(Ruth，2011，pp. 5-10)将其论述为当代建构主义的理智主义问题。

[6]　更准确地说，是收养观念来到我面前，被给予了我，可以这么说。当时，我正在打字写我的课程大纲，并敲出了这样的句子："我然后将要求所有学生采取(adopt)其中一个概念"，这时单词"adopt"又返回到我面前，然后开始显示出一种不同的(人的存在的)可能性，而不只是一个表达"选择"的高级词语。

[7]　当然，我作为一名教师，在我身上发生了什么，也是可以探索的问题。

　　[8]　当然，此处让人不禁想做的是把"概念"一词用"儿童"或"学生"替换掉。

/第 3 章　重新发现教学/

到目前为止，在我努力为重新发现教学展开论证的过程中，我已 40
经采取了两个步骤。在第 1 章中，我已经把教育和教育者的主要任务
(或者，如果人们希望说成是责任)，表述为(教育者)在另一个人内心
唤起他/她想以一种成熟的方式存在于世界，即作为主体。我已经表
明，这牵涉到了什么，为什么以这种方式着手教育可能是有意义的，
以及这向教师提出了什么要求，同时我强调了中断、悬停和维持的角
色，以及把权力(关系)转化为权威(关系)。我已经论述以成熟的方式
存在于世界意味着，关于我们所欲求的是否是我们值得向往的这一问
题，已经成为一个我们生活中"一直存在的问题"(living question)，一
个我们随时带着并在我们遇到的每个情境中思考的问题。

在第 2 章中，我已经讨论过教学和学习的关系，论证教学和学习
之间的差异要大于如今人们想当然的那样。我不仅论证认为，学
习——被理解为掌握的行为——只表示一种人的存在可能性，只包含
一种存在于世界和与世界共在的可能性，而且我还提出由于这个原因，
教学比起只是学习而言，有着更丰富的内容。通过讨论我要求学生克

制学习这一例子，我已经揭示，当教学"脱离"学习之时，其他存在主义意义上的可能性开始打开。这些存在的可能性，承载着我们之所以努力以一种成熟方式存在于世界并与世界共在的重要意义。

在这一章，我更详细地探寻出自前两章的关键主题，特别集中于这一问题：在何种程度上我们作为主体的存在（our existence as subject）可以从意义建构、理解和掌握的角度来看待。针对人类作为意义建构的生物的观念，我循着伊曼纽尔·列维纳斯的主张，即我们作为主体的存在，恰恰**不是**从（我们的）理解和（我们的）意义建构着手的，而是以其他方式和从"其他地方"浮现的，可以这么说。我把这个观点和关于"教"的问题联系起来，提出"教"并非是对学生自由的限制（另见第 4 章），而恰恰是"学生作为主体"可能浮现所借助的途径。

传统的教学究竟怎么了？

在过去的二十多年中，一个关于教学的非常普遍的论点，出现在众多研究出版物和政策文件中。能够一而再，再而三地被发现的是，所谓"传统的"教学，即教师讲话而学生应该听讲且被动吸收信息的教育形式，被视为是不好的且过时的。但是，宣称更为现代的、聚焦于辅助学生学习的事物，或者是个体的或者在某种对话过程中的，则被视为是好的、值得向往的和"属于未来的"。虽然"传统的"和"当代的"二者对立本身已经有点陈旧了，但是我们不应该忘记，对传统教学的评论实际上也是多么由来已久。约翰·杜威已经提出过对传统教学的评论，正如杨·利加特(Jan Ligthart)在荷兰所做的那样，并且在他们之前和之后，世界许多国家的教育家和教育学家们也都做出过这样的评论。这个评论也并不是完全有效的，因为即便在教室里教师讲话而学生静坐，但在学生这一方实际上也有许多事情在发生着。他们当然会感到乏味、感到疏离和被忽视，但是他们也同样感到被挑战、被激起兴趣和被激发灵感：有谁会知道呢？我还好奇是否有人确实主张过**教育运行**为一个传输和被动吸收的过程，即便它是以这种方式**举行**的(Biesta，2004)。此处，我完全同意弗吉尼亚·理查德森(Virginia Richardson)的观察："在传输模式的教学中，学生也从他们遇到的活动中建构意义。"(Richardson，2003，p.1628)

按照对传统教学的评论，具有讽刺意味的是，当前最流行的以技术为媒介形式的教育，比如 TED 讲演，慕课以及在 YouTube 上数不清的专业和业余的讲授视频，全部都是以"传统"方式展现，即一个人讲授并解释以便其他人能够观看、收听和学习。人们甚至可以反问，从学前阶段到高等教育阶段，是不是闯入当代课堂的无止境的活动进度表和个人/小组任务，没有让教育开始变得琐屑化，而只是让它变成繁忙的工作？而且，我们不应该忘掉那些传统的、单向(one-directional)形式交流的重要实例，比如从苏格拉底的申辩，林肯的葛底斯堡演说，到奥巴马的讲演。在那些情况中，就我所知，实际上没有人抱怨说看不到"探究性问题"和"小组任务"以便让听众对所讲内容进行个人意义建构。就此而言，我相信我们真的不应该低估我们旨在接受的能力。

这些论述表明，对传统教学的持续**评论**(critique)可能实际上有些问题。然而，提出这个观点，并试图为教学的复兴及对教学的重新发现建立起一个更为广泛的辩护理由，则充满了困难，正如我在本书引言中所解释的那样。出现这种情况，尤其是因为大多数为教学和教师所做的直言不讳的辩护，来自政治派别范围中的保守主义一端，在那里，他们的目的是重建在现代社会和现代教育中明显缺乏的秩序与控制。(关于对这个议题的不同见解，参见 Meirieu，2007)这似乎表明唯一的**进步主义**选择，存在于教师的终结中和"传统"教学的终结中，存在于对"学习"的趋向中；在这个转向中，教师仅仅存在为一个辅助者，即辅助那些按其他方式进行的"自主"学习过程[1]。

如果我理解正确的话，此处的问题与选择的二元建构有关，也就是涉及这样的观念：对威权型教学的唯一有意义的回应，只在于废除教学并且转向学习。可是，依然明显的是，第三种选项几乎没有被考虑过，这就是按进步主义的方式重构我们对教学和教师的理解。这个选项依托于这样的观念：自由不是权威的对立或从权威那里逃离，而是涉及在我们和我们生活中可能拥有权威的事物之间，建立一种"成熟性"关系，正如梅里厄(Meirieu，2007，p.84)所说的，这是一个权威**被授权**(authorized)的过程。而恰恰正是在这第三种选项中，我们能够看到对威权型教学的一种完全不同的回应得以开启。

在这一章中，我专注于可以称之为人类学[2]维度的讨论，即关于人类及其在世界中的位置的深层假设。我带着些许畏惧开启这个讨论，因为我不认为人类学是一件可以选择的事物，即并非只要选择我们希望如何理解人类，然后可以快乐地从那里前进；我也不认为人类学是一种建立基础的工作，因为在那样的情况下，一旦我们知道人真正是什么，那么我们就可以把教育放在一条安全而保险的道路上(关于这些问题，参见 Biesta，2006；1999)。

我在这一章中的目标，是让"对人类的普遍性构想是什么"得以显现，特别是在我们的教育想象中得以显现，但是其影响是一个广泛的影响。并且，通过表明人类及其在世界中的位置能够怎样以不同方式来着手探讨(approach)，我提出，那样的构想既没有必要也并非不可避免。我特别在此处运用了"着手探讨"这个词，因为我在下面将要论述，这里讨论的不是以不同方式**理解**人类的问题；这里的挑战来自一个存在主义意义上的挑战。由此，我试图创造出这样一种可能性，即发展出对教学的一种不同观念。不仅如此，我还试图表明，教学，或者更准确地说，被教的经历(experience of being taught)(Biesta，2013a)，是如何揭示有关人类存在的重要事物的。我提出，在教学和教师的终结中，实际上有更多成败攸关的事物，而不只是一个教育问题以及会关涉学校的问题。

我的论证的深层结构相当简单，但是我承认其中的细节较为复杂。我的论述从这样的观点开始：对传统教学的评论，在某种程度上是一种把教学视为控制(teaching as control)的评论；这个评论在教育方面是有根据的，因为它揭示了在传统教学中，学生只能显现为教师干预的客体，而永远不是学生自身作为主体。然后我论证，通过聚焦于学生的学习(这种学习被理解为解释和掌握的行为)可以克服上述问题的

43

提议并不成功。这是因为解释和掌握行为具有一种自我中心主义的结构，而它不仅发源于自我，而且回归到自我，即便这一过程是"通过"世界而发生的。因此，我提出在解释和掌握行为中存在一种危险，即自我可能依然不能显现为主体，而是，在其和环境的关系中依然保持为客体。因此，我运用更为哲学性的语言所提出的是：我们的主体状态不是通过意指的行动构成的。这个洞见，我取自伊曼纽尔·列维纳斯的著作，他为这一章提供了主要的启示来源。受助于列维纳斯，我提出，我们的主体状态是从"外面"引发的(这就是我讨论"超越"的主题的原因)，并且和"被某人某物对着讲话"的"事件"有关。正是在这样的事件中，教学的一种不同意义得以呈现，而我在这一章中试图(重新)发现的，正是这种意义上的教学。

克服自我中心主义世界观

我通过对伊曼纽尔·列维纳斯的两个文本的解读，来展开这一章。这位哲学家在我看来，主要贡献是揭示自我中心主义世界观的局限性。这个世界观具有的思维方式是这样的：它始于自我(存在的前设)作为"自足的自我"(self-sufficient ego)或意识，**然后**对"主体之外的"一切进行主题化(thematise)(Levinas，1994)。但是，列维纳斯的思想并非对这种姿态的简单扭转，而是向我在别处已经提到的"主体性伦理学"靠近(Biesta，2008)。主体性伦理学观念暗示一种双重的转变。它首先表明，列维纳斯试图通过伦理学而不是通过知识来着手处理人类主体的问题。换句话说，(在列维纳斯那里)并没有关于主体的**理论**，并没有关于主体**是**什么的论断。但是，这还意味着——这是第二个转变——列维纳斯所写的不应该解读为一种传统的伦理哲学或伦理理论，以试图描述或规定伦理性地存在和伦理性地行动是什么。在列维纳斯的主体性伦理学中，最为关键的是人的主体状态这一问题，是作为主体而存在意味着什么这一问题。

列维纳斯惜墨如金般地(特别是和他试图通过丰富语言表达人的主体状态的神秘性相较而言)写道"用伦理语言描述主体性"(Levinas，1985，p. 95)。正如我在第1章已经暗指的，这一努力的关键是他的这一提议：责任是"主体的根本性的、原生性的和基础性的结构"。(p. 95)但是他强调，此处的责任"并不补充先前的存在主义意义的基础"(p. 95)。这并不是主体首先存在，即不是作为一个自足的、自我中心主义的主体已先存在，**然后**遇到了一个责任或让自身承担一个责任，而是如列维纳斯所写的："主体的节点被编织在那个被理解为责任的伦理中。"(p. 95)用齐格蒙特·鲍曼(Zygmunt Bauman，1993，p. 13)的一句非常有用的话说，责任呈现为"自我的首个实在(reality)"。这是自我发觉自身的时刻，可以这么说。或者更准确地说：这是自我**至关重要**的时刻，因为在自我的责任中，自我是"不能互换的"(non-interchangeable)(Levinas，1985，p. 101)[3]。

列维纳斯的主体性伦理学，不应被理解为关于人类主体的一个理论。这一点本身已经表明试图克服自我中心主义方式的思考和存在所具有的困难。不管如何，如果我们仅仅打算就主体而发出一种不同的理论或不同的真理，比如通过论述自我具有一个社会根源，那么，我们将在我们的理论层面让自我去中心化。但是，这依然是从一个中心这样做，也就是说，这是从我们发出这样一个理论的中心而这样做的。我们因此会断言："有一个我能够发出真理的中心"，而这正是我们公开宣称否决的事物，即"没有这样的中心存在"。在我讨论列维纳斯是如何致力于这个僵局之前，我希望讨论一些其他内容；这些内容在当代关于教育的观点中是一种普遍的趋势，而这样做，特别是为了揭示自我中心主义前见的角色。

论机器人吸尘器、学习环境和解释学世界观

我们可以用一种方式描述目前盛行的教育想象，这就是从机器人吸尘器(robot vacuum cleaners)的角度来讨论。机器人吸尘器让当下在教育中的思考和关于教育的思考得以显现。这一提议来自我与一位在学习科学领域工作的学者的交谈。他质疑了我对于学习语言的评论——而对于这个评论，在某种程度上，他解读为对学习观念本身的评论(正如我已经在前一章中解释的，我认为他的解读没有错)。因此，他问道：智能适应系统的研究会有什么错？我虽然乐意承认对这种系统的研究**本身**没有什么错，但是我的问题是，这个系统是否为我们提供了学生在教育关系中的充分的形象。当我试图想象智能适应系统看起来会是什么样子时，机器人吸尘器是第一个出现在我脑海中的形象。它出现在我脑海，也许是因为在法语中这类机器以"aspirateurs auto-

nome"而为人所知，特别是"autonome"这个词表达了我的（教育）关注点。
那么，机器人吸尘器揭示了什么样的盛行的教育想象呢？

45

关于机器人吸尘器，值得关注的是，首先，它们的确能够执行任务，即给屋子用吸尘器吸尘，且以自动进行的方式，也就是靠自己工作。但可能更为值得关注的是，随着时间的推移，它们能够更为有效地做这件事，因为它们能够以智能的方式适应它们执行任务所在的特定房间。如果它们的模式一开始是非常随意的，或更准确地说，是由特定的计算程序所指引的，那么，随着时间的推移，机器人吸尘器对它们操作的环境会更加适应。因此，我们可以说，机器人吸尘器能够**学习**，或者，如果我们愿意，我们可以说它们能够以明智的方式适应它们的环境。虽然它们的学习是自动的，因为这种吸尘器能够不借助外界的干预而执行任务，但是，这并不意味着它们的学习不会受到影响。做此事的方式，让它们学习更多，且学习不同事物的方式，是通过把机器人吸尘器置于不同环境中，于是它需要适应不同的环境条件。人们甚至可以假定，适应了一系列不同房间的机器人吸尘器，在调适自身方面变得更为高效，即不停地适应它们所在的新环境。虽然它们的学习依然是一项终身任务，因为每个新的情境可能会施加新的挑战，如此，将会要求更进一步的智能的适应，但是，在适应新情境方面它们变得更为娴熟和高效了。

我相信前面的陈述提供了**一个**，甚至也许恰恰正是**那个**普遍的关于当代教育想象的颇为准确的图景。它是一个这样的想象：它把教育视为一种"学习者中心"的努力，其中，对学习者而言，最终是建构他们自己的理解，并且发展他们的技能，同时教师的主要任务是提供安排，且在这些安排中和通过这些安排，这些过程可以发生。在这种情景中，教师的确不再传输任何事物，但是他们为学生设计学习环境，以便辅助他们的学习。同样地，学生也不致力于被动的吸收，而是致力于主动的适应性建构，并且恰恰通过这个，学生获得了技巧和能力，使得他们更有能力适应未来的情境。这也同样改变了课程的意义和地位，即它不再以将要传送和获得的内容而存在，而是重新定义为一套"学习机会"，学生在其内部且通过它们，以一种灵活而个人化的方式追求他们自己独一无二的学习轨迹。

注意到以下一点也许是重要的，那就是尽管这个想象是当代的（借此我想表述它正在许多情境和环境中塑造当代的教育实践），但是它的理论表达却不是新的。比如，我们可以在自生系统论（autopoietic systems）中发现它，即系统在与其环境的持续活动中能够重新产生自身的理论。该理论在生物学界由温贝托·马图拉纳（Humberto Maturana）和弗朗西斯·瓦雷拉（Francis Varela）发展而出（比如，Varela，Maturana & Uribe，1974；Maturana & Varela，1980），并且由尼可拉斯·卢曼（Niklas Luhmann）在其社会系统理论（theory of social systems）中进一步发展。卢曼（Luhmann，1984；1995）著作中的一个关键洞见是自生系统（比如，人类）不能参与彼此的自我再制（autopoiesis）（这意味着，比如他们不能参与彼此的适应性活动或认知性建构），但是他们可以"出现"在彼此的环境中，从而对彼此的自我再制发生一个**间接**影响。关于上述观念所基于的思考方式，最著名的例子可以从约翰·杜威的

46

著作中找到。杜威对行动、交流和学习的理解的确是基于这样一种观点，即人类有机体与环境的持续交互作用，如果用杜威自己的话，即持续通过做与受的过程而建立一种充满活力的平衡。（例如，见 Biesta & Burbules，2003；Biesta，2009；并且，关于杜威的哲学陈述，见 Dewey，1925）而且，在杜威的著作中，我们的确能发现这样的论断："我们从来不直接施教，而是间接地通过环境施教"（Dewey，1966，p. 19）。

如果让我描述一下以上思想所基于的人类学，即关于人类及其与世界的关系所基于的观点，我会提议称其为解释(学)人类学(hermeneutical anthropology)，并且，更广泛地说，一种解释(学)的世界观 (hermeneutical worldview)[4]。它们是关于"掌握"的行动，而这个掌握是(英文的)字面意义上的掌握，因为正如我在前面内容中讨论过的，它们试图"在全部意义上"(com)"抓握住"(pre-hendere)世界。在这种掌握的行动中，在这种解释的行动中，世界于是显现为我们建构意义的客体、我们理解的客体和我们解释的客体。

人们可以简单而直接地声称这就是事情真正的样子。换句话说，人们可以论述，解释的世界观是**真的**，因此我们应该把我们对知识的理解和对交流的理解，以及对伦理、政治和教育的理解，都建立在这个前提下。[5]但是，人们也可以停下来想想，解释的世界观是否像它看起来的那样是不可避免的，或者也许可以提出这样的问题：在这种世界观的边界之内，什么事物是**无法**构想出来的。

我想提出两个问题。第一个问题是：在解释的世界观中，世界，不管是自然世界还是社会世界，是否**可以**从它自己的方面并且按它自己决定的条件来**言说**呢？第二个问题是：在解释的世界观中，我们是否能被(他者)**面对着讲话**，即我们是否能让别人朝着我们讲话？因此，我希望提出，解释的世界观看起来排除了这两种选择。但是，把它们视为解释(学)的世界观的两个**不同**局限性是重要的，正如我会在下面澄清的那样。其原因在于这样一个事实：解释(学)的世界观描绘出的世界，**内在于**(immanent to)我的理解，内在于我的掌握行为中，即总是旨在把"在外面的"世界带回给我。这样的掌握行动的确拥有一个客体，因为解释学不是空想或纯粹的建构。这个客体总是显现为一个**我的**意指的客体，因而在这个意义上仍然取决于**我的**意指行动。在下面两部分中，我开始探讨以上讨论中的这两个方面，即内在性问题和意指问题。我通过讨论列维纳斯的两篇虽短却复杂的文本来着手探讨这两个问题。

一个开口中的开口：论意指与理解

列维纳斯在他的论文《意指与理性》(Signification and Sense, Levinas, 2006)[6]中，探索了意指(广义上理解为建构意义的行为)之可能性的限度和条件。列维纳斯的丰富论述中的一个观点，涉及他所指称的"当代意指哲学中的反柏拉图主义"(p. 18)。他从海德格尔、柏格森和现象学的意指哲学中看到，反柏拉图主义涉及这样的断言："成为的过程(the becoming)表明理性，而在成为的过程的范围之外，理性是无法想象的"。(Levinas，2006，p. 18)它(反柏拉图主义)是这样的观念：
"不存在任何**意指自身**(signification in itself)，即思想可以通过跨越反
思而到达意指。无论那些反思是扭曲的还是忠实的，但它们是合理的。
正是那些反思导致那种意指。"(p. 18，强调为原著所加)或者，用稍微
更具体的语言讲，它是这样的观念："所有如画般的事物，所有不同的
文化，不再是阻挡我们通向那些本质和理性事物的障碍了，(而是)唯
一可能的路径，不可替代，并且最终表明在理性本身中。"(p. 18)

　　列维纳斯描述了一种完全**内在性**的情境，其中我们所有的意义建
构，所有的意指，都发生在文化和历史中，并且其意义都来源于这种
文化的和历史的环境与框架中。他将其描述为反柏拉图主义，因为在
柏拉图看来"意指的世界**先于**表达它的语言和文化"，因而它依然"对能
够被创造出来的、用以把世界呈现给思想的符号系统漠不关心"。
(p. 18)因此，列维纳斯论述，柏拉图相信，有"一种特权文化，它能够
理解历史文化的暂时性和看似幼稚的本质"(pp. 18-19)；我们可以说，
这种特权文化是能够将理性赋予意指的特权文化，并且能够理解意指
的特权文化。列维纳斯指出，在当代的意指哲学中，这种选项不再可
能。我们所能发现的是"让理智**从属于**表达"(p. 19；强调为本书作者所
加)，也就是说，在当代的情境下，我们所能够言说或表达的一切，不
得不在现有文化的和历史的话语及环境中来表达，且通过这种话语及
环境来表达，并从这种话语及环境中获得其意义[7]。

　　对列维纳斯而言，这不仅提出了一个**哲学**问题，因为它与这样的
问题相关，即意指从哪里获得它的意义或合理性(我会在下面讨论这个

问题)。这也提出一个**实践性**问题，因为它与这样的问题相关，即交流实际上是如何可能的(我也会在下面讨论这个问题)。而且，这还提出了一个紧迫的**政治性**问题，因为，正如列维纳斯所言，这个"最为晚近、最为大胆和最具影响力的人类学，让多元的文化置于同一个平面"(Levinas，2006，p. 20)根据列维纳斯的观点，当代的意指哲学等同于文化和历史的**相对主义**。由于它的完全内在性，它处于和依赖现存文化和历史"构造"的完全根植性，所以，当代的意指哲学缺少一种标准，从而让我们对意指的不同行为的"质量"作判断，进而让我们能够区分"理解"的事物和"不理解"的事物。[8]根据列维纳斯的观点，当代的意指哲学仅仅"从文化意指的多元性中获得满足(*se complait*)"(pp. 25-26)，而这把自身呈现为"对参与到他者(*the Other*)[10]中的一种拒绝"。(p. 26)然而，恰恰在后一个"位移"中列维纳斯看见一个开口。

就列维纳斯建构自己的论证而言，此处有两个维度，并且沿着这两个维度，他力图建立两个观点。第一个观点为意指"处于文化(culture)**之前**"，第二个观点是意指"处于伦理**之内**"，因而伦理是"所有文化(culture)和所有意指的前设"(p. 36；强调为本书作者所加，首字母大写为原著所加)[9]。与拒绝参与到他者中去相反，根据列维纳斯的论述，恰恰是"参与到他者中去"，才是理性的起源，因为它提供了一种"导向"(p. 26)。在第一步，列维纳斯把这个导向的特征描述为"从同一(the identical)向绝对其他的他者的一个位移"(p. 26)。这个导向，即列维纳斯所说的，"从同者(Same)自由地走向他者"，就是他所指称的"一项事务"(a Work)。(p. 26)但是，为了让这项事务更加彻底地成为他者中心(other-centered)，它"必须不被认为是对已有储备物的表面化的搅乱，然后在这个动作之后，自我依然和其自身是同一的"。列维纳斯就是以这样一种方式，来表达从事他者事务不应该让自我保持不受影响或没有变化。这项事务也不被认为是"类似于这样一种技能，即把一个陌生的世界转化为这样一个世界：陌生世界的他性(otherness)被转变成了我自己的观念"(Levinas，2006，p. 26)。我将这种技能理解为我前面所指称的解释(学)的"姿态"的另一种描述方式，即把其他一切(what is other)带进**我的**理解中。这就是为什么列维纳斯坚持这项"事务"需要被理解为"**同者面向他者的一个位移，而且这个位移不再返回到同者自身**"(p. 26，强调为原著所加)。

　　这一思路——与德里达对礼物的分析思路相似——导致了列维纳斯得出这样的评论，即这项事务不仅要求来自"从事"这些事务的人的"行动上的极度慷慨"，而且，它还要求"来自他者的**忘恩负义**"，因为他人不被假定为会"回报"这项事务以对此表示感谢，因为这会把这项事务带回到代价与利益，以及花费与回报的经济循环圈中(pp. 26-27)。列维纳斯写道："作为面向他者的绝对导向——作为理性——这项事务可能只会处于耐心之中，极端地说，这指的是行动者拒绝与其工作的完成保持同步，指的是他不是为进入应许之地而从事工作。"(p. 27)它是一种并不期望任何回报的给予。列维纳斯最后为这项事务建议的用语是**义务**(liturgy[11])，即"在其最初的意指中，其意为对一个公职的履行，而这样的公职不仅完全不收报酬，而且要求执行人亏本地投入资金"，而正是这个"没有补偿的事务"，这个我们从事但并不收取回报甚至不期望回报的事务，被列维纳斯命名为"伦理本身"（Levinas，2006，p. 28）。

义务、需要与欲望

如果义务是真正做了没有任何回报的工作，没有返回给我们任何东西的工作，由此列维纳斯论证，那么重要的是我们不把这项事务想成是实现我们某种需要的事务，比如行善的需要或关爱他人的需要。因为在那种情况下，需要的实现将会是我们收获的"回报"。在这种语境下，列维纳斯介绍了欲望概念（Levinas，2006），但是，此处，欲望不应被理解为要实现的欲望，所以列维纳斯写道："为他者的欲望（Desire for Others）——社会性——源自于一个什么都不缺乏的存在者，或者更准确地说，源自对他可能缺乏或可能使他满足的一切事物的超越。"（p. 28）在欲望中，自我向他人走去，"并且以这样的方式，即违背把主权式自我等同于自我这一逻辑"（p. 28）。因而，这样构想的欲望是非自我中心主义的。

但是，我们应该如何"着手探索"这个"为他者的欲望"，即按列维纳斯的说法，"我们在大多数社会经验中感受到的欲望"？（p. 30）列维纳斯观察到"当代哲学中的所有语言分析强调并且理应如此地强调它的解释学结构"（p. 30），即我们对他人的接近要理解为一种意指行动，也就是我们通过该行动而力图理解和了解他人。但是，列维纳斯追寻着"第三种选择"，其中，他人既不是"我们表达的文化作品的合作者和邻居，也不是我们艺术产品的客户，而是**对话者**，是(我们的)表达所面对的对象"(Levinas，p. 30，强调为本书作者所加)。恰恰是在这里，我们找到第一个并且至关重要的"开口"，因为列维纳斯指出，意指不是一个自我中心主义的行动；它不是这样一种姿态，即通过这种姿态自我产生出了意义；它不是自我产生表达，然后"达及"某个世界。意指，换句话说，**不是**解释学，因为"它作为存在而为人所知以前，**表达是一个(我)和某人的关系**，那个人是(我)要对着表达所表达内容的对象。"(p. 30，强调为本书作者所加)

恰恰是因为这个原因，这个"面对我"的他人，"没有被包括在被表达的存在的总体性之中"，因为如果是在"被包括"的情况下，他人将会成为我的意指的"产品"，将成为我的建构。相反，他人出现"在存在的所有集合的背后，作为我对着表达所表达内容的对象。"(p. 30)之所以是这样，列维纳斯论述，是因为只有通过他人的在场，作为对话者，"像意指这样的现象(才能)把它自身及其意义引出来而得以存在。"(p. 30)因此，作为对话者，作为我对着表达所表达内容的对象，"他/她的在场已经是被要求了的，从而我的表达的文化姿态得以产生"。他人"既不是一个文化意指，也不是一个简单的给定"，而是"原初性地说，是**理性**(sense)"。(p. 30，强调为原书作者所加)此处，我们必须记住，"理性"对列维纳斯而言，恰恰是这样一种事物：它给予我们的意指以意义，并由此前进，赋予我们的生活以方向。列维纳斯强调，这个"转变"(我希望在下面再添加一个内容)"意味着以新的方式回归柏拉图主义"(p. 38)，因为它让我们超越了"不计其数的相同文化构成的

50

萨拉班德舞曲，其中每种文化在它自己的语境中为自己辩护。"(p.37)
尽管列维纳斯称赞获得和他相似观点的胡塞尔(Husserl)，即把"对文明的伦理判断"考虑进来(p.37)，但是，他注意到"人们不必非要追随胡塞尔走过的同一条路"——那条路"在本能超验的意识中，把文化世界的现象学回归及构成，视为是理所当然的。"(p.37)列维纳斯提出，有一个第三条大道，是通向"意指的正道"，即通过这样的观念："理智的显现，源自**道德**的正直与那项事务"，而"道德的正直与那项事务"被理解为义务(liturgy)(p.37，强调为本书作者所加)。

第二个开口

因此，列维纳斯所要提出的是，意指不是"自我的首个实在"，换句话说，我们不应该把自己设想为理性建构型的动物(sense-making animals)或学习者，而是意指只有在与别人的遭遇中才会"讲得通"。对列维纳斯而言，这种遭遇从根本上讲是**伦理**遭遇，就是说在这种遭遇中，有"利害攸关"的事物，即在其中我的主体状态，我作为主体而存在，这是"利害攸关"的。但是，在我对这部分做结论之前，在列维纳斯的思路中，还存在一个方面的内容需要引入。这个思路回应了前面提到的观点，即关于交流是如何可能的问题，或者，用列维纳斯自己的用语说，对话是如何可能的问题。它与别人实际上是如何可以成为对话者这一问题有关，而恰恰在这里，我希望指出第二个开口发生了。

列维纳斯承认他人的显示(manifestation)(显示一词应该从字面意

义上理解，即别人显示其自身的方式）"当然是按所有意指产生的方式而产生的"，即通过我的"对他者的理解"这一行动而产生，也就是如列维纳斯所强调的，它是"一个解释，一个诠释"（Levinas，2006，pp. 30-31）。尽管如此，他者并不只是作为一个我意指的产品或结果而来到我面前的。毕竟，如果是那样的情况，如果因为我通过我的意指而让别人出现，然后别人才能出现，那么意指将会依然是一个源头性事件，即便这个意指会有某种伦理特质，比如来自我想要对他人行善的意图，或者来自我关爱他人的意图[12]。除了他人作为**现象**的呈现，他人作为我的意指的产品的出现，还存在"他者的突现"（epiphany of the other），一种他者带有它自身重要性的显现，如列维纳斯所说的，它"独立于从世界获取的意指"（p. 31）。他人"不仅从一种语境中来到我们面前，并且意指表达其自身，而无须中介"。（p. 31）正是对这种来到我们面前的、没有中介的出现，列维纳斯称其为"面容"（face），并且列维纳斯把对面容的突现指称为"显现"（visitation）（p. 31）。因此我们可以说，面容通过它的形象（image）"突破"了它的意指。这是一个"去形式化"（de-formalization）的过程（Cohen，2006，p. xxxi）。在此过程中，面容进行言说，并且这样的言说"首先是从某人外显之背后而来临的方式，从某人的样子背后而来临的方式；这是一个开口中的开口（an opening in the opening）"（p. 31）。

　　但是，面容并非一般性地讲话；它的言说不是"揭示这个世界"（Levinas，2006，p. 31）。面容向**我**说话；面容对着我说话，面容呼召我，并且"由此宣告显现的伦理维度"（p. 32）。所以列维纳斯论述，恰恰是在这里，"意识丧失了它的首要地位"（p. 32），因为"面容的在场表示一种不容辩驳的命令，一个戒条；它阻止了意识的可用性"（p. 32）。一个（意识）中断的时刻。列维纳斯强调，此时此刻，意识受到面容的挑战，但极为重要的是要看到，这个挑战"并非来源于对挑战有所觉悟"（p. 32），因为如果是那样的情况，再一次地，意指会先于面对我的讲话。因此，列维纳斯强调"它是对意识的一个挑战，而不是对挑战的一种觉悟"（p. 33）显现，因此是"对自我的自我中心主义的搅乱"（p. 33）。但是，重要的是看到，这不等于对自我的摧毁，而是等于一种我们可以为其冠名的"去中心过程"；通过去中心过程，"我／自我"（Me／Ego）获得了自身独一无二的重要性。正如列维纳斯所解释的，"清空自我的帝国主义"这一责任，"确认了自我的独一性"；这种独一性在于这样一个事实："没有人能够代替我回答。"（p. 33）"为自我"发现"这样一种导向"，"意味着辨认出自我和道德"，也就是辨认出自我作为主体的道德"源头"，而这正是我已力图在一种主体性伦理学观念中所表达的。

准则、交流和意指的源头

我已经详细追述了列维纳斯的论述，以便表明这一思路设法着手处理他所辨认出的一些问题，即他所指称的当代的意指哲学。这些问题是关于**理性**的问题：意指是从哪里获得它的意义的？是关于**交流**的问题：在一个极其多元的世界中交流是如何可能的？这些问题也是关于**准则**的问题：是什么让我们对(多个体系和传统的)意指的评价得以可能？列维纳斯的思想路径为这三个问题提供了答案，但与其说是分别回答每个问题，不如说是以一种彼此重叠和彼此勾连的方式予以回答。他的一个关键的洞见是这样的评论，即意指不是一个自我中心主义的行动或成就，而是由一种(我)与他人的关系而构成，其中，他人是我表达(我所表达的内容)的对象，是表达内容要达及的对象。因此，意指的意义来源于这种特别的"事件"或(我)与另一个存在者的"遭遇"。在这个关系中，他人并不显现为我的意指的客体，而是显现为对话者。这就是为什么他人的"显现"是一件突现(epiphany)的事情。而所显现的不是他人的一个形象(那样将再次让他人成为我的意指的"产品")，而是列维纳斯所指称的它的面容。

　　重要的是要看到，正如面容不是**我的**意指的产品，对面容的顿悟也不是他人关于我的意指。面容并不把我转化为主题；面容不会把我变成它的意指的一个客体。而是，面容**向我说话**。这个言说并不是我只要接受的一个来自他人的启示，当然这也是至关重要的[13]。此处的关键思想是，面容向**我**说话，或者更准确地说，面容的言说对着**我**讲(而在此处，我们需要强调两个事实，即面容是讲话的，而且面容对着**我**讲话，对的是单个的人，而不是对所有人。这就是为什么在第1章，我已把这指称为第一人称的事务)。在这个讲话中，我的"帝国主义"被中断了，我的意识遭到了挑战："面容让看到它的意向性迷失了方向"(Levinas，2006，p.33)，在那里我被呼召，我得做出回应，即便我有**不去**回应这个呼召的自由。而正是在这个时刻，在这个伦理事件中，自我获得了它的重要性，这恰恰是因为自我，在超越了任何意指的地方/在任何意指之前的地方/在任何意指之外的地方，显现出自身。

简言之，列维纳斯一直在探寻的**准则**在这里呈现为伦理；**交流不是交换意义的事情**，而是来自(他者对我的)讲话，来自(他者向我的)所说；而正是在被(他者对我)讲话的伦理事件中，**意指获得了它的理性**，意指得以可能，或者用列维纳斯提供的更加准确的表述：意指把自己引出来而得以存在，意指成了真的。

启示、超越和伦理

我以教学开启了这一章，在我返回到教学问题之前，我希望简要看一下列维纳斯的另一篇短文，名为《犹太传统中的启示》(Levinas，1989；最初以法文发表于 1977 年)。在这个文本中，列维纳斯也提供了一个对解释(学)的世界观的评论，但是却以稍微不同的专用语言和词汇而写成。有人会说，这个文本是完全不同，而不是稍有不同，因为它处理的是启示的可能性这样一个神学问题。在这个问题和《意指与理性》一文中的主题之间，我看到了更多的连续性，因为在两种论述中，列维纳斯力图清楚表达一个关于内在性(immanence)的评论，以及一个对超越的论证，即支持这样一种观念：并不是所有发生在我们生活中的事情都来自我们的理解行为，而是存在从外面来到我们面前的"事物"。

这个文本的主要议题是对内在性的克服。这在文本的第一句就已经很清楚了，列维纳斯在那里写道：他正在处理的"根本问题"，"与其说是属于启示的内容，倒不如说是关于被指称为启示的实际事实"（Levinas，1989，p. 191）。列维纳斯甚至更进一步地论述，这个事实本身"是首要的内容，并且最为重要的是，这个内容是由任何启示所揭示的"（p. 191）。启示的要点**是**他的外在性（exteriority），即这样一个事实：启示是来**到**我们跟前的事物，而不是我们的建构或解释。这就是为什么列维纳斯问我们如何能够"理解真理的'外在性'和启示的迹象——它们拍击了被称为理性的人类官能"（p. 192）。"如果这些真理和迹象不属于这个世界，它们是如何能够拍击我们的理性的？"（p. 192）

这个问题的答案部分由"读者在启示中的参与"给出（p. 194）。乍一看，这听起来像一个支持解释的论证，将会把解释学带到讨论中来，但列维纳斯没有把启示归约为解释学，而是认为在启示和自我之间有一个非常不同的关系。他在这里写道："它的语词来自别的地方，来自接受它的人的内在世界之外的地方，但同时它也居于人的内在"。（p. 194）换句话说，列维纳斯在暗示"外在能够唯一显现的'地带'是在人的内在中"。（p. 194）但是他补充说，在此处，人所做的"远远不只是收听"（p. 194）。列维纳斯不是从解释学的角度来理解这些的，这一点非常明显，体现在他的如下论述中：来自外面的信息降临，并不是"要与'自由'的理性发生冲突"，而是要"显露出某种独一无二的外形，且不能归约为一个偶然的'主体印象'"（pp. 194-195）。"启示具有一种产生意义的独特的方式，而它位于从我内在世界里对独一无二的事物的呼唤中"（p. 195）。用前面的语言来讲，启示向着我说话，或者更准确地说：启示对着我讲话，呼召我，召唤我。

这就是为什么列维纳斯以熟悉的思路强调"我的独一性存在于我对他人的责任中，'因为'没有人能够让我从这里解脱出来，正如没有人在我死亡的时刻替代我"（Levinas，1989，p. 202）。这让列维纳斯清楚表述了一个非同寻常的自由概念。自由，不是人们能够做他们所希望做的那种自由主义式的自由（liberal freedom），而是"做没有任何人能够替代我做的事情"的那种自由，因而"自由"意味着"服从上帝"（p. 202）。

这把列维纳斯带回到主体状态作为"内在性的断裂"这一观念。（p. 204）但是能够理解这个断裂的方式是怎样的呢？我们可以说，"理解"（understanding）恰恰是这个断裂**不能**被理解的方式，因为如果这个由外而内招致的断裂是"可思考的"，那么它已经通过解释学姿态而变得"安全"了，而不再是一个断裂了。列维纳斯看到，此处的困难"源于我们把理性想成与世界的可能性相关这一习惯，而这种世界的可能性，与世界的稳定性和同一性又对应"（p. 205）。列维纳斯问道，可以有其他状况吗？"我们能从经验中痛苦的激变这个角度来解释智力，让智力与超越其能力的事物相遇，从而导致智力的破裂吗？"（p. 205）

如果我们把启示想成对理性的一个真理启示，那么所有这些都是不能理解的。但是列维纳斯看到一个完全不同的选项，在那里"我们思考一个命令的可能性，一个'你必须'的可能性，且这样的可能性不考虑'你能够'"（p. 205）。在这种情况下，列维纳斯论述，"超出某人能力之外的事物不可理解"，因为与"断裂"对应的理性种类是"实践理性"

(Levinas，1989，p. 205)，所以列维纳斯得出结论：这必须意味着"我们的启示的形式是一种伦理形式"(p. 206)。在这里，诸如"指令"和"服从"的概念发挥了作用(p. 206)。但是，列维纳斯所认为的服从"不能融入绝对的命令中，因为在那种命令中，一个无所不在的力量突然让自己处于指引意愿的地位。"(p. 206)与此不同，服从来自"对自己邻居的爱，不带欲望的爱，很少有自我放纵，而正是在这个意义上，它是服从的爱。"(p. 206)

这种"服从的爱"暗示这样的可能性："不包含奴役状态的他治，依然保留理性收听的耳朵，以及顺服于不把人与其倾听疏离。"(p. 207)换句话说，它不是一个这样的论证：我们应该一味吸收从外面来到我们面前的所有一切；而是，我们依然保留着我们"让什么进入"的责任，以及对来到我们面前的一切，我们保留怎样回应的责任。列维纳斯意识到"朝着承认'不可化简的超越'靠近"，不能发生在"由现代哲学专业把持的理性的主导概念"之内(p. 207)，即被他所认为的，也是由我前面指称的解释(学)的世界观所把持的理性概念之内；这种世界观发端于自我，并从理解的角度构想自我和世界的关系。列维纳斯写道："没有什么能够让这种思想力的原子核般的紧固性裂开"；"这种思想把它的客体对象冻结为一个主题"(p. 207)，把它的客体对象整个地抓牢，冒着摧毁其力图理解的这个事物本身的风险。

这和(我)与他人的伦理关系不同。"不像人在寻求知识时，人被围绕的那种外在性……与他人的伦理关系，却不能转变为内在的一个内容，而是依然'无法控制的''可'关系依然保留着"(p. 207)。列维纳斯对这个"启示的矛盾"的解决方法是，主张我们能为这个与外在性的关系找到一种模式，"以一种对他者的非漠然的态度……，而正是通过这个关系，人成为他的'自我'"（Levinas，1989，p. 207）。于是，伦理"提供了和超越相配的模式"（p. 207），在这个模式中，"同者——在其同一性中昏昏欲睡"被他者所**唤醒**（p. 209）。

重新发现教学

我以批判性的问题开启了这一章；那些批判性问题涉及对传统教学过于普遍和过于轻易得出的评论。这个评论看起来已经成为当代教育思想的新教条。我揭示了这个评论已经如何导致教学和教师的终结，并带来朝着学习的转向；在这个转向中，教师的存在，只能作为对以其他方式开展的主动性学习过程的辅助者。教师从"讲台上的智者"（sage on the stage）似乎已经变为了"旁侧的辅导者"（guide on the side），并且，按一些人所说的，甚至成为"后排的同伴"（peer at the rear）。朝着学习转向的出现，其原因似乎在于这样的事实："传统"教学被感知为一种**控制**行为。按照朝着学习转向的情况来说，当我们看到那些为教学而辩护的人的动机时，这一事实也会显现出来，因为他们如此做，恰恰因为他们想要让教学成为一种强有力的控制行为，从而维持或恢复个体秩序与社会性秩序。虽然秩序并不必然就不好，因为这里的问题并非我们是不是需要秩序，而是什么时候、什么地方我们需要什么种类的秩序，以及为了什么目的而需要秩序；比如，想想法制秩序的极度重要性，但是教学作为控制的观念，其问题在于，在这样的关系中，学生永远不会显现为主体，而一直会是客体。在一个对人的主体状态不感兴趣的世界，这当然不成为问题。需要质疑的是，这是不是我们应该向往的世界。

但是，从这一章所提的观念中浮现出来的是：目前的选项，作为对教学即控制这一观念所提出的一种回应，即"学习"观念，更具体地说，学习作为意义建构或意指，也还是被同样的问题所困，因为在意指行为中，**学习者也同样不能显现为主体**。理解其原因的方式与如下这个事实有关：意指的行动从自我发出，并且，从我已提及的那种世界返回到自身。因此，意指让自我一直指向自我，从不中断，总让自我与其自身共处，并总是自给自足。从另一种方式来看这个问题则是这样的：在自我对总在变化的环境条件下进行持续的适应和调适努力中，自我面对它自身试图适应的环境依然是一个客体。这种创造性的适应行为能够帮助自我去**生存**，而当代话语有多少是关于生存的，这是明显的，比如关于为未知将来获得生存技能的需要。虽然如此，但是，这永远不会为自我带来**人的存在**(exist)的可能性(以及真正意义上的在自我之外存在的可能性)。换句话说，这里永远都不会出现的质疑是：自我试图适应的环境，是不是人们应该适应的环境，是不是一个值得去适应的环境。自我，而且也许我们应该说：调适中的自我和适应型的自我，永远不会从它自身由内而外产生某个判断标准，用以评价它正在适应的一切。因此，自我作为"客体"，被它正在适应的一切所"抓住"，这正是我力图通过机器人吸尘器的形象所要表明的议题。

这就是列维纳斯打开的"开口"（opening）所拥有的意义，而这个开口是列维纳斯通过对解释(学)的世界观的评论而产生的。它揭示了我们的主体状态**不是**由内而外通过解释和适应的行为而构成的，而是从自我之外的世界被呼召后而生成的，是作为对我的内在的中断、对与己同在（being-with-myself)的中断或断裂，以及对我的意识的中断或断裂。正如我已经呈现的，这既不是我解释别人的时刻，也不是我收听别人的时刻，也不是别人理解我的时刻，因此就这一点而言，它完完全全是在意指领域之外的。它是**我被别人朝向我讲话的时刻**，而在那一时刻，用列维纳斯的语言说，"在我的内在呼唤出独一性"。**被他者朝向自己讲话的事件，难道没有赋予我们对教学和被教的经历一种完全不同且更为重要的陈述吗**[14]？

结论

正是根据这些观念，我们开始看到，为什么像机器人吸尘器这样的智能适应系统的观念，恰恰不能给我们以教育关系中的令人满意的学生形象。正如前面提到的，虽然这样的系统能够学习，能够适应环境和能够调适自身以应付环境，并且就此而言，可以说能够意指，但是所不能发生的"事情"，在他们的世界中永远不会"降临"的"事情"，是他者(对他们)的所说，即被教的事件。**虽然这种系统能够学习，但是它们不能够被教，他们不能接受(某个)教。**

此处，我们遇到关于教学的一个完全不同的陈述，即它的目的恰

恰不是通过权力的运作和某种秩序的建立而指向控制，那样的话学生只能以客体而存在。而这种新的关于教学事件的陈述，通过中断主体的自我中心主义，中断它"与自己存在"(being-with-itself)和"为自己存在"(being-for-itself)的状态，而产生出了学生的主体状态。我们甚至可以说，这种教学首先把我们置于世界中。它是这样(一种)教学：它把我们从自我中拖出来，因为它中断了我们的"需要"，用列维纳斯的语言说，或者用在第1章中介绍的词语说，因为它中断了我们的欲望。这种教学通过引入这样的问题而开展：我们所想要的是不是真正值得向往的，不管是对我们自己而言，还是对我们与他者在一起的生活而言。

这样的教学不是威权主义的，因为它不把学生简化为客体，而是对学生的主体状态抱有兴趣。然而，它没有通过**反对**威权主义而克服威权主义(那样的话就意味着完全让学生任其自行发展，即听任于学生自己的、作为意指的学习)。这种教学通过建立一种彻底不同的关系而发生。这是一种关于权威的关系，因为在从我们所欲求的移向我们可以认为是值得向往的这一过程中，我们赋予其他的事物和其他的人以权威，或者用稍稍不同的词语来说，我们通过让其他的事物和其他的人成为发起者，即一个向**我们**说话和讲话的主体，而向其**授权**。

那么，我们已经面临一种选项了，这个选项看起来在当前方式中是缺席的。在当前方式中，对传统教学的评论依然有所表述，其中，教学作为控制(teaching-as-control)的评论紧接着以学习作为自由(learning-as-freedom)的观念而告终。在前面的内容里，我不但已经试图论述一种不同的选项**是**可能的。而且，我还提出一种不同的选项

57

应该是可能的，因为如果我们以所谓的意指自由(freedom of significa-tion)取代教学作为控制，我们实际上强化了我们学生的不自由(unfreedom)，因为在意指的行为中，学生依旧与自身存在，并且依旧回归到自身，而永远没有进入世界，永远没有获得(他们的)主体状态。这些思想开始概括出一条非自我中心主义的并着手处理教学的路径，这个路径的目的并非强化自我，而是中断**自我-客体**(ego-object)，让自我朝向世界，从而它可以称为一个**自我-主体**(self-subject)。

注　释

　　[1]　我这里使用"自主"是指这样一种思想，即这些过程不管怎样都被认为应该会进行，无论教师在场与否。

　　[2]　我这里指的是哲学人类学，而不是经验(实证)人类学和"文化"人类学。

　　[3]　就我对列维纳斯处理人类主体状态的方式的存在主义解读，赵(2015)提出了一些问题。她是在讨论人本主义的背景下提出那些问题的。正如我在比斯塔(Biesta，2006)中详细讨论过的那样，我把(哲学领域的)人本主义看作对人的主体真理进行阐明的任何努力，也就是说，任何界定人是什么的努力。这种定义是否把人看作固定不变的和自我封闭的，还是开放的、主体间性的和总在建构中的，并不是那么重要的议题。换句话说，人本主义的问题，不是哪个关于人的主体的定义是更可取的，而是认为界定人的主体的"本质"是可能的和值得追求的这样的观念。所以我看重列维纳斯的伦理方式，因为这种方式没有力图界定人的主体是什么，而是力图阐明在什么情况下我的主体状态是**重要的**，另见第一章。

　　[4]　对解释学的参考，并非"覆盖"这一标题之下的所有立场和观点。正如我将在这一章中表明的，这个概念的运用特别是受到列维纳斯的启发。

　　[5]　我倾向于说实用主义，特别是杜威和米德的著作，提供了这个"项

目"最为完善的例子。因此，这一章也可以解读为对实用主义世界观、对发源于这一世界观的事物，包括教育理论与实践，所具限度的探索。关于我对这个"研究项目"的论述，参见 Biesta，2016。

[6]　另一个不同的英文版本译为《意义与理性》(*Meaning and Sense*)，见 Levinas，2008；法文原版于 1964 年出版，题目为"*La Signification et le Sens*"。

[7]　在我对列维纳斯的思想的讨论中，我力图相当接近他自己的表述，因为他使用的语言对于他力图传达的事物的确是重要的。他在这里所讲述的主要观点是在当代讨论中被人们所知的文化或历史相对主义问题，即我们能够知道的一切(或者至少我们能够表达出的我们所知道的一切)是相对于特定的文化和历史框架而言的；而我们是"在"那些框架中和"通过"那些框架进行表达和认知的。

[8]　"理解"语言可能听起来像是这里的问题仅是一个解释性的问题。当然，情况并非如此。此处利害攸关的问题最终是政治性的，因为这些问题质疑诸如法西斯主义或希特勒主义这样的"体系"，是否能够以任何方式批判；还是我们唯一能说的是，在它们自己所具有的前提下，它们获得"完美理解"。

[9]　因此，正是伦理事件的显示，或者(更为)准确地说：伦理要求的突现(epiphany)，或对伦理要求的顿悟，为意指赋予了意义。这在后面更详细地讨论。

[10]　在我对列维纳斯著作的直接引言中，我选择使用首字母为大写的 Other 表示他者，但在其他情形下只使用首字母为小写的 other 表示他人。这主要是为了表明与作为他者的事与人的相遇，是一种日常经验，而不是特殊的事情(这是用首字母为大写的 Other 会暗示的意义)。我也意识到使用首字母为大写的 Other 是区别两个法语单词的标志："autre"和"autrui"，其中，首字母大写的 Other 表示后一个单词。

[11]　译者注："liturgy"一词现在通常指基督教教堂的礼拜仪式，但其意义最早源自古希腊时代由富裕的雅典人自愿承担的公共职位与义务。

[12]　这当然引出关怀角色和关怀伦理的问题。让我再次声明列维纳斯著作的"信息"不是我们应该关怀他人。我甚至愿意说从列维纳斯的著作中根本没有发出"应该"。"应该"这样的说法只能来自"我"。

[13]　在本章中，我没有篇幅详细致力于讨论列维纳斯和海德格尔的差 *58*

异，但这是二者差异的一个观点的呈现，而且，在我看来，列维纳斯关键性地超越了海德格尔。简要而粗略地说，海德格尔和列维纳斯二者都发现了意指的相似问题，即意指是自我中心主义的；它由自我所驱使，并总是回归到自我。海德格尔提出意指的替代者是接受(reception)，在那种情况下，我们吸收对我们所说的，并照顾它，而列维纳斯则提出，自我封闭的意指的替代者，在于这样的事实中，即向我们所说的，是对我们讲话，是把我们挑选出来，并且召唤一个回应。纯粹的接受最后是没有准则，它没有"选择"准则，或没有判断应该照顾什么的准则。列维纳斯把我们从接受"移向"责任，在那里，对于我的问题不是如何接受和拥有，而是去问从我这里(再次注意，强调的是单个的**我**，不是一般意义上的任何人)正被要求着什么。海德格尔和列维纳斯的距离，解释了为什么我在前文把两个不同的问题视为解释(学)的世界观，即世界可以如何从它自己的角度说话，并且，我们被以何种方式面对着说话。

[14] 我对"教学/施教"和"被教"作了区别，因为在这个讨论中一个困难但重要的议题和以下问题有关，即教师是否有权利去教，或被教的事件是否应该理解为一件礼物，且这个礼物既不能由教师完全给予，也不能由学生迫使其出现，而是降临到教育关系中的。(我在 Biesta[2013a]中详细讨论了这个议题)另外，我建议读者参考赵(2014)中对这些思想的探索性讨论。

/第 4 章　别被无知的男教师蒙蔽/

　　也许重新发现教学最难以取得成就的一个领域，至少乍一看是如 59此，关涉在明确试图促进解放的教育中教学和教师的角色。毕竟，把解放恰恰视为一种释放，或者以奇特的语言表达：一种逃离，从教师的影响中释放出来，或者更广义地说，从教育者的影响中释放出来，是有一个漫长传统的。从这个角度看，想当然地以为教学和解放彼此有关系，至少是与普通预料相反的。但是，这正是我在这一章中试图探索的联系。通过与德国传统和北美传统的批判教育学的对话，与保罗·弗莱雷的对话，以及与雅克·朗西埃的对话，我继续着手探讨教学和教师在解放教育中的角色问题。在每一种论述中，正如我所揭示的，我们不仅发现支持教育目的应该指向解放这一观念的充分论证，即指向受教育者的自由这一目的。而且，在每一种论述中，我们还能发现涉及教学角色和教师角色的清晰而又颇为不同的观点。

　　我在本章中的目的是揭示在解放教育中教师的角色可以被构想的不同方式，并且揭示这是如何与解放本身以及解放教育的驱动力有所联系的。但是，写这一章的动机，还源于我所认为的一个对朗西埃著作的接受问题，即对朗西埃最近著作中对解放教育的讨论的接受问题。

60

这种接受，来自朗西埃的著作《无知的男教师》中的关键信息，被理解为人人都可以不需要教师而**学习**，并且这个宣称了的学习自由——用列维纳斯的话说，即意指的自由——会构成**一个解放的时刻**，或**恰恰就是**解放的时刻（相关讨论 Pelletier，2012；Biesta & Bingham，2012；Stamp，2013；Engels-Schwarzpaul，2015；并见以下内容）。接下来，我试图挑战这种对朗西埃的解读。我的挑战是通过以下论证达成的，即在《无知的男教师》中的关键信息是：解放教育，不是从作为知识拥有者的教师向（尚）无知识的学生进行知识传输的一类事情，而是一种教师及其教学都不可或缺的过程。

但是让讨论变得复杂的是这样一个事实，即在朗西埃的晚期著作中，他自己似乎"忘掉了"这个信息，并且似乎使对教学的支持转向了关于学习的论述，聚焦在学生和其他观众的自由上，从而在教学行动面前，建构他们自己的意义和理解。[1]我将特别专注于朗西埃的论文《被解放了的观众》(The Emancipated Spectator)(Rancière，2009，第 1章)，通过揭示建构性的解释是如何有悖于我所认为的朗西埃对解放教育的讨论所做的独特贡献，我会更准确地阐明教学为什么以及如何对解放教育而言是不可或缺的。并且，我还要阐明为什么我们不应该被蒙蔽，因为这种蒙蔽导致我们认为，由于无知的男教师没有可提供（给学生）的知识，所以教师没有什么东西可教，因此可以被消除掉。

教育作为一种解放事业[2]

教育是个体通过与文化及世界建立关系而完善个体自身，这在希腊观念 *paideia* (παιδεία)以及**教化**(bildung)观念中的某些构想(关于此点的批判性讨论，见 Klafki，1986；Heydorn，1972)中是特别显著的思想观点。但教育不只如此，而是最终与个体作为主动的主体的存在有关，故而与他们自身的解放有关。这样的观念至少从卢梭开始，已经是现代教育经验的一部分(Løvlie，2002)。*Paideia* 是对自由人的教育，其目的为增进他们作为公民的自由，所以它与手工劳动者和工匠的教育(*banausoi*，βάναυσοι)相反 (Jaeger，1945)。如果是这样，那么现代经验则慢慢地把教育看成一个会带来自由的过程，而不仅仅是为了那些已经拥有自由的人们。按照这些观点，教育于是成为一个**解放**的过程。

虽然有作者对教育可以如何为这种解放有所贡献而抱有兴趣，但另外一些作者则做出更强的论断，即教育对于这种解放而言是**必要**的。在康德的论文《什么是启蒙运动？一个回答》中经常被引用的起始句里，他界定启蒙运动为"人从自己引发的教导中的脱离"并且把教导或不成熟描述为"人没有别人的指导就没有能力运用自己的理解"(Kant，1992，p.90)。这给后一种取径提供了一个令人信服的例子，特别是当它与康德的教育论文中的论断联合在一起时，即人**只有**通过教育才能成为人，并且除了教育使他们成为的一切，他们什么也不是(Kant，

1982, p. 701)[3]。

61

从此处可以看到，解放的推动力沿着两条思路发展，一条是我们可以称之为儿童中心的或心理学的思路，另一条是我们可以称之为社会中心的或社会学的思路。第一条思路遵循卢梭的洞见（Løvlie，2002），即认为儿童对外界社会秩序的适应将会腐蚀儿童，而这将导致一个观念：**为了**儿童所进行的某种选项，只能意味着是**抵抗**社会的某种选项。第一条思路不仅于19世纪末20世纪初的德国在教育被设立为一门独立学科过程中发挥了重要作用（见 Biesta，2011b），而且，这条思路是彼一时期出现的儿童中心形式的教育的核心；这一形式的教育在当时被冠以多种名称，如"进步主义教育（progressive education，美国）""改革教育学（reformpädagogik，德国）""新教育（new education，欧洲多国）"或者"新式教育（éducation nouvelle，法国）"。这些发展进一步把儿童构想为一种自然属性，一种"既定"的人类，而不是必须从社会、历史或政治视角理解的人类。

在当时德国的境况中，这一趋势最终显示，聚焦于儿童的教育理论和实践会很容易地被嵌入一系列不同种类的意识形态体系中，包括纳粹和法西斯主义（例如，Klafki & Brockmann，2003）。于是，对解放教育的理解的多种局限性，就变得清晰起来了。也因此，在第二次世界大战之后，德国教育家和教育学家，比如赫维格·布兰克茨（Herwig Blankertz）和克劳斯·莫伦豪尔（Klaus Mollenhauer），转向了马克思主义和新马克思主义，包括于尔根·哈贝马斯（Jürgen Habermas）的早期著作，从而发展出在德国为人们所知的"批判教学"（kritische

Pädagogik)（例如，Mollenhauer，1976[1968]）。二十年之后，通过诸如迈克尔·阿普尔（Michael Apple），亨利·吉鲁（Henry Giroux）和彼得·麦克拉伦（Peter McLaren）等人的著作，在"批判教育学"的名称下，一部分类似的著作也在北美出现了，但却是以"社会改造主义者"（social reconstructionist）的著作为其前身，比如乔治·康茨（George Counts）的著作（Stanley，1992）。作为教育的批判理论和为教育而开展的批判理论，这些形式的批判教育学的解放兴趣，都专注于压迫结构、压迫实践和压迫理论的分析，并抱有产生"去神秘化"（demystification）和"从教条主义中解放"的理想（莫伦豪尔和麦克拉伦的用语，见 Mollenhauer，1976，p. 67；McLaren，1997，p. 218）。

解放的现代逻辑和它的矛盾

从这个思路中浮现的解放构想，是把解放设想为从权力压迫的运作中获得解放。因而，解放过程中的至关重要的一步包括揭露权力的运作，即去神秘化，因为这里的前提是当我们知道权力是如何运作时，以及它是如何作用于我们时，我们才能够开始把自己和他人从中解放出来。马克思主义传统对此所补充的——而这又反过来大大影响了批判教育学和解放教育学——恰恰是**意识形态**这个概念（见 Eagleton，2007）。在意识形态的概念中表达的一个至关重要的洞见认为，不仅所有思想都是社会性地决定的，而且更为重要的是，意识形态是"**否认**这种决定"的思想（Eagleton，2007，p. 89）。后一个观点与弗里德里希·恩格斯的虚 *62*

假意识(false consciousness)概念相连，即"推动(能动者)的真正动机对能动者而言依然无从知晓"(Engels，引自 Eagleton，2007，p. 89)。

意识形态带来的僵局在于，正是由于权力作用于我们的意识，我们没有能力察觉它是怎么作用于我们的意识的。这不仅意味着为了让我们从权力的运作中获得自由，我们需要揭露权力是如何作用在我们的意识上的。它还意味着为了让我们获得解放，一些**局外人**，由于他们的意识不受制于权力的作用，需要为我们描述我们的客观条件。那么，根据这个思路，解放最终视有关客观条件的真理而定，而这样的真理只能被一些**不受**意识形态影响的人产生出来，并且按照马克思主义传统，这个立场被认为要么由科学占据，要么由哲学占据。这个思路不仅为我们提供了一种特定的解放逻辑，即视解放为从压迫权力的结构和过程中获得自由，而且为我们提供了一种特定的解放教育的逻辑，即通过上面提及的"去神秘化"和"从教条主义中解放"的行动而力求产生这样的自由。

解放的现代逻辑的关键是这样一种思想，即解放要求有解放者从外而来的干预；那些解放者们不受制于需要被克服的那个权力。这样的干预采取了去神秘化的形式，即向被解放者揭露他们的客观条件是什么。这不仅让解放成为**对**某人做的事情，而且显示了解放是基于一个预设的、在解放者和被解放者之间的不平等。并且这样的不平等，在解放已经取得或产生后，将只能会在未来有所解决。在这种关于解放的现代逻辑的描述下，大概就不难辨认出某种特定的教学法。在这种教学法中，教师了解学生的客观条件。因此在那样的教学法中，教师的任务是对学生解释他们的条件，构想学生最终会和教师相似，或者更准确地说，学生从对自己客观立场和条件的无知状况，向着类似于教师已经拥有的某种知识和理解靠近。这样的状况可以被描述为一种平等的状况。

我在其他论文中更详细地讨论过（Biesta，2010b；2014），解放的现代逻辑并不是没有问题，也并不是没有矛盾。尽管解放的目的是让被解放的人获得自由，它实际上在解放活动的核心安置了依赖。别忘了，被解放者为了获得他或她的自由，是依赖于解放者给予的"强大干预"的。就本章而言，更为重要的是，这个干预是基于解放者声称拥有的知识，即关于被解放者的客观条件的知识；在解放"来临"之前，被解放者是看不见这种知识的。这意味着解放的现代逻辑，开始于被解放者对自己经历的一种怀疑，暗示我们不能真正相信我们所看到的或感觉到的，而是需要别人告诉我们什么在真正地发生。

尽管在经典马克思主义传统中，马克思主义哲学家应该能够占有无所不知的地位，但在我们这个时代，我们经常会发现心理学领域和社会学领域的人占有了这个空间，并宣称他们能够揭示在我们头脑中（或者用当今更为常见的说法：在我们的大脑中）以及我们的社会生活中，什么在真正地发生。朗西埃很好地道出了此处所发生的一切。他强调在这种解放逻辑之下，我们需要某人"把事物的模糊性之上的面纱揭开"，这样的人"把模糊的深处提升到清晰的表面，反过来，把浅层的错误表象带回到理性的神秘深处"（Rancière，2010，p.4）。我们不应该立刻就否决解放的现代逻辑，而是至少应该力求理解它试图解决的特殊议题，以及他试图这样做所基于的特定"框架"。但是，在解放的勃勃雄心和因此而要求某人告诉你在你脑中及生活中所真正发生的这一论断二者之间，具有明显的张力；这种张力可以有助于我们看清为什么与解放的现代逻辑的相遇，特别在以教育的方式践行时，可能不会立刻"让人感到（它）赋人以力量"（Ellsworth，1989）。

保罗·弗莱雷、解放和被压迫者的教育学

解放的现代逻辑的矛盾，与保罗·弗莱雷所指的"存储式教育"（banking education）极为相似。作为一种教育模式，在"存储式教育"中，学生成了"'被教师'填充的'容器'"，并且教学成为"存储的行为，其中学生是存储器，而教师则是存放者。"（Freire，1993，p. 53）存储式教育似乎成为解放的现代逻辑的核心和解放教育的核心。这一事实产生一个有趣的问题，即弗莱雷自己的观念是如何与此不同的。鉴于弗莱雷在现代批判教育"经典之作"中的地位（比如，参见 Lankshear & McLaren，1994），这是一个特别重要的问题。因此，我希望提出，关键的差异在于弗莱雷对压迫的理解，即我们需要从什么之中被解放出来。

对弗莱雷而言，压迫并不是一个人或团体对另一个人或团体施加权力的事情，而是有关**异化**（alienation）的境况。尽管异化境况可能源自一个人或团体对另一个人或团体施加了无端的权力，但是对无端权力本身的执行，并不构成弗莱雷试图克服的那种压迫。弗莱雷把压迫界定为**人受阻而无法成为人**的境况，或者，正如他倾向于表述的：人受阻而无法"更充分地具有人性"的境况（Freire，1993，p. 39）。这不仅解释了为什么弗莱雷把解放描述为一个**人性化**（humanization）的过程，即变得更具人性

64

的过程。这也表明，弗莱雷不是探寻把被压迫者从压迫者的权力中解放出来，而是探寻把压迫者和被压迫者**都**从二者相连的身份中那种非本真和异化的存在方式中解放出来，以便他们能够"进入作为负责主体的历史过程"(p.18)。这就是为什么弗莱雷的教育学不是**为了**压迫者的教育学。为了压迫者的教育学认为通过强大的干涉，被压迫者会获得自由，而弗某雷的教育学是压迫者**所拥有的**教育学。弗莱雷反复强调，"被压迫者的伟大的人本主义和历史性任务(是)解放他们自己并解放他们的压迫者。"[4]

对弗莱雷而言，本真性存在(authentic existence)是一种存在方式，即作为人自己行动的主体而不是他人行动的客体。本真性存在因而是关于自由问题的。但是，对弗莱雷而言，自由不只是做某人想要做的事情，而是包含自治和责任(p.29；另参见 Lewis, 2012, pp.82-86)。此外，作为主体而存在，而不是作为客体而存在，并不是意味着某人只单纯为他/她自己存在，也不只是某人与他/她自己而存在。弗莱雷强调"世界与人并非彼此分离存在，(而是)在持续的相互作用中存在"(Freire, 1993, p.32)。对弗莱雷而言，人的主体与世界的相互作用，既要求行动又要求反思。"男人与女人对他们的世界行动和反思，从而转化它"，这就是他所称的实践(praxis)(Freire, 1993, p.60)。因此，实践把本真性存在描述为主体，而这就是为什么，在被压迫者已经克服其异化存在的方式**之后**(参见后面内容)，弗莱雷将本真性存在视为"被压迫者存在的新理由"(p.48)。

弗莱雷的关于压迫作为异化的理解，解释了为什么他对存储式教育的评论不同于对教育作为传输概念的通常批评——后一种教育概念是由"学习的缺失理论"（a deficient theory of learning）而充实的。尽管弗莱雷的确论证存储式教育造成学习的多种肤浅形式，且在那些学习形式中，"词语抽离其具体性，变得空洞，异化而冷淡冗长"，导致了死记硬背而不是真正理解(p.52)，但是，弗莱雷的评论并**不是**说存储式教育依赖一种具有误导性的学习理论，因而，如果我们允许学生成为积极的建构者而不是被动的吸收者的话，那么所有的问题都会得到解决。弗莱雷所暗示的是更深刻的观点，即在存储式教育中学生仅仅呈现为教师行动的客体，而不是学生本身作为人之主体。在存储式教育中"教师是学习过程的主体，而学生则仅仅是客体"(p.54)。因此，解放教育的起点在于解决"教师—学生矛盾"，而这在他看来，只能"通过让两极矛盾得到和解，以便使教师和学生各自都同时是教师**和**学生"(p.53；强调为原作者所加)。

弗莱雷的被压迫者的教育学中的教师角色

65　　　因此，弗莱雷对解放的现代逻辑问题的回应，看起来是预言教师之终结。毕竟，为了克服存储式教育所表现的教师—学生矛盾，教师和学生都需要放弃让他们处于压迫和非人性化关系中的身份。取而代之的是，他们需要致力于弗莱雷所称的**对话**关系。

　　　通过对话，"学生的教师"和"教师的学生"不再存在。教师不再仅仅是从事教学的人，而是在和学生的对话关系中教学的人，而学生反过来在被教的同时也在教学。他们联合起来对双方都成长的这一过程负责(Freire，1993，p. 61)。

弗莱雷把存储式教育中的(压迫性)师生关系转变为联合学习、联合探索、联合创生知识的过程。人们可以说弗莱雷通过这些消解了存储式教育中的(压迫性)师生关系，尽管在弗莱雷的语言中，更准确地说是存储式教育转变为联合的**实践**，即转变成(曾经的)压迫者和(曾经的)被压迫者的本真的人性存在。它不再是这样的一种境况：教师是拥有知识的人而学生只是记忆教师叙述的内容。取而代之的是，师生都参与到探究的集体行动中；这样的探究是在"友谊和团结中"(fellowship and solidarity)并"导向人性化"的(p. 66)。

在弗莱雷那里，教师就这样转变为探究同伴(fellow inquirer)，即转变为总是与学生一同参与到实践(转化性的行动—反思)中的人。在这里，教师是和众多主体**同道**的主体，而不是在众多客体中存储知识的主体。在同一个行动中，学生不再是"顺从的听讲者"，而成为"在与教师对话中的审慎的协同考察者"(p. 61)。在这种境况下，弗莱雷论述道："没有人教另一个人，也没有人自己教自己"(p. 61)。

尽管在这个层面存储式教师消失了，而教师作为探究同伴出现了，但是重要的是要承认，这在弗莱雷的著作中并不是唯一的教师形象。在弗莱雷的著作中，至少可以找到另外两种"教师"。这引出的值得关注的问题是：这些不同的身份怎样和谐一致？这里的关键是看到作为探究同伴的教师，作为与其他主体参与到实践中的主体，描述"教师—学生矛盾"**已经被消解**的境况。换句话说，此处所描述的是异化经历**之后**的境况。但是，对解放教育而言，重要的问题与其说是那样的境况看上去是什么样的，不如说是**我们怎么可以到达那样的境况**，以及教师在走向教师—学生矛盾消解的境况这一过程中，教师是否可以做些什么。

就这一问题，弗莱雷反复提出的观点是，压迫不能通过存储式教育来克服。"被压迫者的教育学不能由压迫者来发展和实践"（Freire，1993，p. 36），因为在这样的姿态中，"其本身就维护和体现了压迫"（p. 36），比如，它可以采取"虚假慷慨"或"家长式制度"的形式。这表明弗莱雷充分意识到解放的现代逻辑及其在教育领域的执行所具有的矛盾，也揭示了他为什么坚信解放被压迫者和压迫者的"伟大的人本主义和历史性任务"在被压迫者那里，而且必须在他们那里（p. 26）。

但是，弗莱雷立刻补充说："如果解放教育的实施需要政治力量，而被压迫者却没有"，那么这引出的问题是在"革命发生之前"（p. 36）被压迫者如何实施解放教育学（p. 36）。弗莱雷对这个困境的回应是双重的。首先，他在"解放教育学"内部区分了两个阶段。第一个阶段，"被压迫者揭示出压迫世界的真相，并且通过实践致力于对它的改变"，而在第二个阶段，"压迫世界已经转变了，（以至于）这个教育学不再属于被压迫者了，而是成为在永久解放过程中所有人的教育学了。"（Freire，1993，p. 36）

但是，弗莱雷在其回应的第二部分认为，"第一阶段的教育学"必须处理另一个问题，这就是"被压迫者的意识的问题"（p. 37）。这种意识正是因压迫关系而造成且需要克服的意识。尽管弗莱雷强调"这并不必然意味着被压迫者意识不到他们是被压迫的……（但是）他们对于自己是被压迫的感知，让他们在压迫世界中的顺从给破坏了。"(p.27)"由于沉浸于这个现实中"，弗莱雷写道："被压迫者不能清晰地感知到服务于压迫者利益的'规则'—— 他们已经内化了压迫者的形象。"(p.44)

教师作为"革命领导者"

那么，改变这个境况是如何可能的呢？这可能是弗莱雷理论中最为微妙的方面，因为，一方面，他想要抵抗的观念是：被压迫者必须被告知成为他们自己历史的主体[5]。但是，另一方面，因为"被压迫的意识"阻碍被压迫者把自己视为自己历史的主体，被压迫者在某种方式上需要被"提升"，以便参与"变得更加人性的存在论和历史性的职业"(p.48)；他们必须被"提升"以便"参与对他们具体境况的反思"，其前设为"反思——真正的反思——导致行动"，而不使其成为"空想型的革命"(p.48)[6]。

弗莱雷对此增加了两个观点。其一，"只有行动结果成了批判性反思的客体，行动才能构成本真的实践(authentic praxis)"，即它们是否促生了"批判性的意识"(Freire，1993，p.48)。其二，弗莱雷的确给那些从事提升工作的人们以一个具体的名字，即称他们为"革命领导者"(revolutionary leaders)(p.49)，尽管他的确强调这些人不是带领被压迫者从他们的压迫中脱离的领导者，而是与被压迫者肩并肩参与到转化性的"行动—反思"中(即实践中)的领导者。这就是为什么弗莱雷这样表述："革命领导者必须……践行**共同计划的**(co-intentional)教育，(在那里)教师和学生(领导者和人民)共同计划世界，二者都是主体。这不仅体现在揭露世界真相这一任务上，从而愈加批判性地了解世界，而且体现在重新创造那种知识的任务上"；通过这一过程，他们发现自己是现实世界的"永久的再造者"，并且是他们自己历史的主体(p. 51)。

在"革命领导者"这一思想中，我们能看到教师的一个不同形象，即教师作为**发起实践**的人，在弗莱雷的思想中发挥着作用；它不是一种强力行动并由此使被压迫者从他们的错觉中解脱出来，而是以一种自力更生的方式发起"转化性的行动—反思"(transformational action-reflection)，而世界上人的存在方式正是以此为特征。尽管"革命领导者"近似"教师—学生"，且他们与"学生—教师"一起在革命**之后**共同行动，但是在革命之前，教师的工作至少在导向上是与革命之后的工作不一样的。因为革命之前，教师的工作导向旨在让被压迫者**参与**到转化性的行动—反思中来。在弗莱雷关于"提问式教育"(problem-posing education)的讨论中(Freire，1993，chapter 4)，他非常细致地描述了被压迫者在实践中的这种参与如何贯彻执行。

尽管弗莱雷以这种方式论证了一种解放教学的形式，没有再返回到独白式的存储式教育，但是在弗莱雷的著作中有更进一步的层面，因而呈现为教师的第三种形象。在这个层面，弗莱雷在解决无须存储的解放教学的困境方面不算成功。当我们承认弗莱雷在自己所写的《被压迫者的教育学》等书中充当一位教师的时候，这点就显示出来了。这样的教师形象，不仅体现在他告诉(其他)教师应该做什么和不应该做什么，而且还体现在他对自己宣称的人类的真实本质所表达的强烈论断上。毕竟，弗莱雷把压迫界定为人受阻而不能"以更为人性的"方式存在的境况，这就暗示着要克服人被异化的境况，意味着要更接近"以更为人性的"方式存在所具有的意义，即充当对自己历史负责任的主体。尽管弗莱雷关于具有人性意味着什么的描述，并不是完全没有理由，然而，这只是关于人性意味着什么的某种特定视角，因而关于所有人类都应该为了什么而奋斗的观点，也就不是每个人都将接受或认可的。

弗莱雷对于压迫逻辑的评论是独创性的，也是重要的，而且存储式教育的暗喻，特别是弗莱雷运用和发展这个观念的方式，为评判学生仅能显现为客体的独白式教育实践，提供了有力的参照。尽管如此，但是，弗莱雷自己显现为一名教师的方式表明，也许从存储式的解放教育中逃离出来，比起弗莱雷看似所信奉的更难。恰恰在此处，朗西埃对约瑟夫·雅科托(Joseph Jacotot)("无知的男教师")的陈述，试图对解放和解放教育的现代逻辑的矛盾，阐明一种不同的回应。 *68*

朗西埃、雅科托和无知的男教师

在《无知的男教师》中，朗西埃讲述了约瑟夫·雅科托(1770—1840)的故事。雅科托是 19 世纪头十年里被流放到比利时的一位法国男教师。其间，他发展出一种教育方法，并将其称为"通用教学法"(universal teaching)。雅科托的方法源于他的一个发现。当时他受邀给弗莱芒学生讲法语，可他并不会讲弗莱芒语。让这个情况更为奇特的是，"他没有施教的语言，以便教(学生)那些他们想从他那里获得的东西。"

第 4 章　别被无知的男教师蒙蔽 ┃ 117

(Rancière，1991，p. 1）可是，他的学生的确设法学会了说法语，也学会了写法语——他们是通过学习一本双语版的由费奈隆(Fénelon)创作的小说《忒勒马科斯历险记》(Télémaque)而学成的。

朗西埃对雅科托"案例"的探索令人关注。这有两个理由，都和弗莱雷的讨论相关。第一个理由与这样一个事实相关，即雅科托和他的学生没有共用的语言，因此对雅科托而言，在学生脑中存储任何内容都是不可能的。换句话说，存储式教育是不可能的。尽管就这方面来说，即从传输知识的角度来说，雅科托不能教给他的学生任何东西，但是朗西埃坚称，这并不意味着雅科托的学生无师自通。雅科托**的确**在教学，也**的确**充当一名教师，虽然是一名无知的教师。而且，恰恰与这一点相关，雅科托(至少在朗西埃[7]那里)才提供了一种方法来解决弗莱雷式的"教师—学生矛盾"；那种方式**没有**导致教师角色的消失，而弗莱雷的情况中却导致了教师角色的消失。让我解释一下以上是如何实现的。

弗莱雷对教育的评论聚焦于教育作为**存储**的过程，而朗西埃的评论则有一个略微不同的目标，因为它聚焦于**讲解**(explanation)的角色。朗西埃认为，在教育场景中，讲解让自身"充当一种手段以减少不平等的境况；在那样的境况中，那些无所知的人与那些有所知的人处于关系之中"(Rancière，2010，p. 3)。当教师为他们的学生讲解某些内容时，他们带着这样的意图来进行，即给予学生们他们还不具有的知识和理解。在这个意义上，把讲解理解为克服有所知的教师与**还**无所知的学生之间的不平等，看起来是合理的。

但是，朗西埃论述，当我们考察从教师向学生传输的内容时，对讲解的这种理解可能是真的，但是讲解行为本身执行的方式，传达出极为不同的事物，即讲解对学习和理解是**不可缺少的**，也就是说，学生在**没有讲解**的情况下被认为**没有**能力理解所讲的内容。朗西埃在文中指出 "给某人讲解某事物首先是向他（学生）表明他（学生）靠自己不能理解那些事物"时（Rancière，1991，p. 6），他提出了以上论点，而这就意味着，讲解是"为了**表明**（学生）没有能力"（Rancière，2010，p. 3；强调为作者所加）。然后，讲解就把教育转化为朗西埃所指的**钝化**（stultification），即让学生保持在"他们的原地"的过程，字面上讲即让他们保持"钝滞"而没有自己的声音的状态。讲解因此不是一个**解放**的过程。

朗西埃于是提出，实际上，讲解让教师和学生之间发生不平等，开启这种不平等，甚至永久地确定这种不平等。在这种机制中，并不是学生是一个**需要**讲解的人，而是讲解行动本身构成了学生作为一个没有讲解、没有"讲解者主人"（master-explicator）的干预就不能学习的人。这导致朗西埃得出结论：如此构想的学生，实际上是"讲解制度"（explicative order）（Rancière，1991，p. 4）的**产品**，而不是它的条件。讲解制度建立在朗西埃所称的"教学法的神话"（myth of pedagogy）上；这个神话就是"被划分为识知心智和无知心智、有能力和没有能力、聪明和愚笨的世界的故事"（p. 6）。讲解者的"特殊技巧"此处由"一个双重的就职姿态"（double inaugural gesture）构成（p. 6）。

一方面，他颁布了一个绝对的开端：只有从现在开始，学习行为才会开启。另一方面，他在将要被学习的所有事物上已抛了一层无知的遮盖物，现在他指派自己从事揭开这个遮盖物的任务(pp. 6-7)。

这种教学方法背后的意图总体上是一个值得赞美的意图，因为教师的目的是"把他的知识传输给他的学生，以便慢慢地把他的学生提升到他的专业知识水平"(p. 3)。教师"有条不紊地揭开一些事物上的遮盖物，而对那些事物学生靠自己则无法理解"；教师的"技艺"是"许诺学生终将有一天和他的老师处于平等关系"(p. 5)。但是，这样的许诺会传达到吗？是否有过可能逃脱讲解的循环圈？或者，情况会是这样吗：一旦有人在讲解的轨迹上开启行程，他们就永远会在那里，总是力图追赶，总是力图理解讲解者已经理解过的，但是为了理解，他们总是需要讲解者的解释。以这样的方式看，讲解实际上是"完全不同于到达某个目的的实际手段"，而是其本身就呈现为一种目的。讲解是"对一个基本公理的无限的证实，这个公理就是不平等公理"(Rancière，2010，p. 3)。

朗西埃的解放型教师

这引出的问题为：是否有可能摆脱"把学生绑缚于讲解者"的那种无能为力所形成的循环圈(Rancière，1991，p. 15)。朗西埃提出这的确是可能的，然而不是通过引入一个更加"精细"或更加"进步"的讲解形式。此处，通过反驳"解放来自对学生客观条件的讲解"这一观念，朗西埃明确地与解放教育的现代逻辑分道扬镳。他写道：

70

"钝化"和"解放"的区别不是教学方法的区别。它不是传统或威权主义方法，与新式或主动方法之间的区别：钝化能够并确实以各种主动的和现代的方式发生（Rancière，2010，p. 6）。

因此，从这个讨论中浮现的更为基本的问题是，是否有可能不靠讲解来进行教学，而恰恰在这里，雅科托的案例是相关的，因为它为我们提供了这样的一个例子。

但是，雅科托的"例子"的重要之处在于这个例子不是教师完全隐退、教育已经变为集体学习或合作探究的例子，而是它为我们提供了一个教育驱动力的例子。在那个例子中，学生不依靠"**讲解者**主人"而学习（Rancière，1991，p. 12；强调为作者所加）。朗西埃和弗莱雷也在这里出现分歧。朗西埃是如此总结这一点的："雅科托已经教给他们一些事物，（但是）他与他们什么也没有交流"（p. 13）。教学和交流二者毫无关联是朗西埃论证的中心，并且这提供了一种理解无知男教师思想的方式，因为此处起关键作用的教育动力不再是依靠男教师的（优先）知识。但是，无知的男教师是以何种方式参与到教学中的呢？

朗西埃借助对智力（intelligence）和意愿（will）的区分，描述了此处起关键作用的转变，因为雅科托所做的，不是以他自己的智力取代他学生的智力，而是**传唤**（summon）学生运用他们自己的智力。因此，雅科托和他学生的关系不是一个智力对智力的关系，而是一个"意愿对意愿"的关系（p. 13）。由此，朗西埃得出结论，认为钝化发生在"一个智力附属于另一个智力"的时候，而解放则发生在智力只服从它自身的时候，"即便是在一个意愿服从另一个意愿"情况下也如此(p. 13)。因此,从这里浮现的解放教育概念的核心,就是朗西埃所描述的把"智力向其自身"揭示这一行为(p. 28)[8]。

朗西埃强调,当学生被要求运用他们的智力时,学生所采取的路线不得而知,但是学生不能逃避的是"运用他的自由"(p. 23)[9]。所以,朗西埃得出结论,认为对教师而言只有两个"根本行为":"他**提问**,他要求(学生)讲话,也就是说,要求让意识不到自身的智力或放弃努力的智能展示出自己",并且"他**证实**智力的运用是伴随注意力而完成的"(p. 29,强调为原著所加)。此处所证实的不是运用智力的**结果**,因为那将把这一个过程带回到讲解的过程,而此处所证实的是智力的**运用**,即智力的"运作"是伴随注意力而完成的。朗西埃强调,这里的"提问"不应该理解为苏格拉底式的提问,因为在苏格拉底那里,提问的唯一目的是把学生引向一个教师已经知道的观点。此处的重要性在于,尽管苏格拉底式的提问"可能是通向学习的路径",但是它"绝不是通向解放的路径"(Rancière,1991,p. 29)。那么,解放的核心是一种觉悟,这个觉悟就是"当某个智力认为其自身与任何其他智力是平等的,并且认为任何其他智力与它是平等的时候,那么这个智力可以做什么"(p. 39)。

朗西埃强调把所有能言说的人的平等作为起点,并不是天真地假定平等**存在**。这并不是假定朗西埃有一个独特的洞见,从而能够看到不平等如何存在,以及它可以如何转化为平等。实际上,关于不平等,朗西埃写道:"没有什么可知道的。"(Rancière,2010,p. 4)而这为无知教师的观念又增加了一层意义。

不平等不是通过知识而去转化的一种既定事物，平等也同样不是通过知识而去传达的一种目的。平等和不平等不是两种不同的状态。它们是两种"意见"，也就是说，两种不证自明的原理，且教育训练可以通过它们而运行，同时，这两个原理完全不同。人们所能做的就是证实他们被给予的原理。（一般）教师的讲解逻辑把"不平等"作为不证自明的原理而呈现（……）。而无知的男教师的逻辑则把"平等"作为要证实的原理而提出。这个逻辑没有把"教师—学生"关系中的不平等状态与平等终将来临的誓言联系起来——那样的平等永远不会来临，而是把这种不平等状态与一个根本性平等的实在（reality of a basic equality）联系起来了（Rancière，2010，p. 5）。

　　简而言之，对朗西埃而言，重点不是去**证明**智力的平等。"它考察在那个设定之下能够做什么。"（Rancière，1991，p. 46）

解放、教育和教学

　　教学是否在目的为解放的教育中扮演角色？在这个问题的语境下，从朗西埃对雅科托的讨论中浮现出的无知教师的形象是重要的。同时，我想在这里再次强调，我们考察的是朗西埃对雅科托案例的"运用"，而非雅科托本人。重要的是在我们头脑中保持这样一个聚焦点，即把无知教师的形象看作与解放教育相关，而不是把它看成教育所有维度的一种范式。

朗西埃的"干涉"明显地导向这样的问题，即在教育关系和环境中，学生怎样呈现和存在为主体而不是客体，同时也导向这样的问题：这样做对教师有什么要求。因此，朗西埃的论证，不是反驳教育作为知识灌输的论证或反驳教育作为讲解的论证。那些"模式"的教育是被完全接受的，如果目的是传输知识或产生理解的话。朗西埃的论证也不是为某种建构主义课堂立论，其中教师仅仅呈现为一个学习的辅助者而不再有内容要去教，并且不再被允许去教某些事物。

我希望在这里提出的观点是：**朗西埃的论证，是一个关于解放的论证和教师在解放教育中的角色的论证，而不是一个关于教育的或学校教育的或讲授动力(讲授法)的总论**(因此，雅科托的"通用教学"观念是具有误导性的，因为这里关涉的是朗西埃是怎样运用雅科托的理论的)。这个观点对于我在这一章力图做的事情至关重要。在非常基本的层面，朗西埃的论证，是针对如下观念的评论：解放依赖于关于真实人类存在的更深洞见，而它需要通过讲解行为从解放者那里传输到被解放者那里。在这个意义上，他似乎与弗莱雷的洞见是一致的，即存储式教育永远不会成为解放的方法。但是，关于这一点，二者的分歧在于：解放和解放教育的现代逻辑的基本原则方面，即认为解放的基础是对被解放者的客观条件提供讲解。而且，朗西埃的方法与弗莱雷的方法之不同又体现为三种方式[10]。

其一，朗西埃为教师保留了一个非常清晰而准确的任务，因而也就为教师保留了一个非常具体的身份，虽然这个身份不是从传输知识的角度而言的，而是在意愿层面的关系上而言的。朗西埃用以下方式描述了解放教学的逻辑："解放型的教师要求：禁止假定的无知者满足于已有的知识，禁止满足于承认人们没有能力知道更多。"（Rancière，2010，p. 6）第二个差别是，对朗西埃而言，平等不是某种关于人类的更深邃的理论，因为这将会让解放教学返回为对被解放者的真实而客观的条件之真理的传输，正如我以弗莱雷的观点所揭示的情况。对朗西埃而言，平等的作用是一个前设/假定，作为引导解放教学的事物；它不是一个作为基础的真理，而是作为一种不断要求被证实的（verification，朗西埃语）可能性。这种证实不应被理解为给真理提供证据，而是字面意义上的"使其为真"，即好像它就是真的一样，并因此而行动，从而看看什么会随之而来。这还意味着，即朗西埃取径的第三个不同之处，平等并不投射到未来，作为"革命之后"（Thompson，1997）才将会形成的一种状态，而是平等就处于此时此地。

解放教育的三种构想：解脱、真理和教学 73

把解放的现代逻辑和弗莱雷及朗西埃的观点进行比较，揭示了在以下两个问题中的诸多重要差异，即解放是如何构想的，以及教育的角色（更具体地说，教师的角色）是如何理解的。根据现代逻辑，解放被理解为**从权力中解脱**。由于压迫不仅从物质的方面而言，而且也从我们可以称为话语的方面而言（即意识形态的观念），故而，解脱需要依赖于某个教师，这样的教师为被解放者提供关于他们客观条件的未被扭曲的真理。

弗莱雷和朗西埃二人都对解放的现代逻辑有所批判，但是出于不同的原因且带来不同的结果。对弗莱雷而言，主要的问题似乎是教师的权威地位，因此，他的解放教育构想是这样一个过程：教师成为一名探究同伴；他与其他同伴参与到"行动—反思"的过程中，被称为实践。弗莱雷于是把教师带离了原来的境况，虽然他彻底这样做是艰难的，因为他依然为"革命领导者"赋予了一个角色。并且，正如我所论述的，弗莱雷自己最终呈现为一名教师，并就作为人而真正地存在意味着什么这一问题，作了自己的论断。因此，他把压迫界定为与这种真正的存在的疏离，而把解放视为向这种存在状态的回归。

在这样的背景之下，我们看到朗西埃恰恰和弗莱雷以相反的方向进行，因为他放弃了这样的观念：把解放基于关于人的客观条件或真正条件的真理之上是可能的和必要的。但是，他和弗莱雷不同；他的确为教师保留了一个关键角色；但是，这个角色，不是为被解放者提供关于他们客观条件和真正条件的知识——这就是为什么解放型教师是**无知的**，而是通过执行某种特别的干预或中断（Biesta，2009c）。如他所言，这个角色禁止被解放者满足于这样的论断：他们没有能力独立学习、思考和行动。如此，压迫表现为这样的信念：人们没有能力独立学习、思考和行动——这个信念表达对人们自由的否定，对人们以一个主体而存在的能力的否定。解放涉及"智力向其自身"呈现（Rancière，1991，p. 28），或者，用更精确的表达就是，中断或拒绝学生对自己的自由的否定。

简而言之，解放的现代逻辑依赖于教师和真理，弗莱雷去除了教师并最终保留了真理的角色，而朗西埃则保留了教师但去除了真理。因为，对朗西埃而言，解放并不在从教师传输到学生的真理之上"运行"。解放型教师是一个**无知**的教师，但这并不是因为他不拥有知识，而是因为解放的逻辑不是依赖于知识，而且并不"运行"于知识之上。

建构主义的热情：对朗西埃的接受

在前面部分，我已经重构出解放的三种不同构想和解放教育的三种不同取径。始于呈现在解放之现代逻辑中的矛盾，我已把弗莱雷和朗西埃的观念呈现为对这些矛盾的两种不同回应。两者中的每一位占有因解放的现代逻辑而造成的两难处境的各一端。弗莱雷力图去除威权主义的教师，因为这样的教师阻碍学生显现为教育关系中的主体。而我们可以说，朗西埃则去除了威权主义的知识，因为这样的知识阻碍学生变得有所不同，即不同于他们是如何被那种知识界定的，又如何渐渐用那种知识界定自己的，那就是**没有能力**。我还强调弗莱雷和朗西埃引出了对压迫的不同理解，而他们关于解放的观点回应了那些理解。

但是，我在本章特有的兴趣涉及教师在解放教育中的角色、地位和身份，而我希望把朗西埃对以上讨论的独特贡献置于其中，因为他已经努力强调了一个"第三种选择"，在那里，教师面对解放，实际上有很重要的事情要去做，而且并不认为会构成问题，而这在弗莱雷那里则是问题。但是，不同于教师应该以真实意识取代学生头脑中的虚假意识这一观念(这正是弗莱雷所反对的操纵)，朗西埃让解放问题脱离了知识和真理问题。关于这一点，我们能从他提供的解放型教师的角色的两种表述中看出来。第一个表述是正面的，因为它表明了有助于解放的教师应该做什么，即让"智力向其自身"呈现。另一个表述是负面的，因为它禁止预设的无知者"满足于承认人们没有能力知道得更多"[11]。

在教育领域，关于对朗西埃著作的理解，一个引人关注的地方在于许多人似乎漏掉了朗西埃论证的敏锐之处，即这个论证是关于知识在解放教育中的角色的(并且，更具体地说，否定解放"运行"在去神秘化的知识之上这一观念)。取而代之的是许多人已把它解读为关于教育作为讲授的一般讨论，却不是把它解读为对教育作为解放的一个具体讨论。并且，无知教师的思想已经循着当代建构主义的思路进行了解读。在那里，这一思想看起来已经成为"常识"，从而声称在教育中，所有的事物都围绕着学生的学习，即学生的理解行为和掌握行为，而教师唯一能做的和应该做的是辅助这样的理解。

例如，当佩尔蒂埃(Pelletier，2012，p. 615)写道："教学，正如所有优秀、进步的教师所知道的那样，不是关于传输知识的，而是能够让另一个人去学习"，她就参考了这个观点。当恩格斯-施瓦兹保罗(Engels-Schwarzpaul，2015，pp. 1253-1254)写道："学习不是基于从教师到学生的单方知识传送，这点已经被广为接受"，而是"当学生积极参与知识建构时，学习会更有效率"，她在对朗西埃的讨论中也做出了类似的论断。基于这个背景，她把朗西埃的《无知的男教师》中的关键信息解读为"通过运用某人自己的智力、实验及经验、专注与坚持而进行的鼓舞人心的学习"（p. 1255），如此，把朗西埃关于解放教育之复杂性的精确"信息"，转变为关于讲授的一般理论。

在钱伯斯（Chambers，2013）为朗西埃的教育理论所做的陈述中，也有一个类似的倾向。尽管钱伯斯高度聚焦于政治问题，在有关教育问题的地方，他对朗西埃的解读也接近于建构主义式的解读，提出朗西埃"主张一种完全激进的教学法"；这个教学法围绕"对掌握的否定……对无所不知的教师的否定，这样的教师把所知道的都传送给他们的学生。"（p. 639）这样，钱伯斯呈现出朗西埃的"新教学法，作为对讲解命令之原初预设的颠覆"，提出新教学法的核心是学生靠近他们自己的理解的能力，而"无须一个主人的讲解"（Chambers，2013，p. 644）。他写道：

> 当学生拿起一本书，并靠自己而阅读时（正如在雅科托教学实验的案例中所呈现的，即便书是由非母语写成），那么她就在运用平等的方法。任何人读书而无须另外一个人告诉他们书的意思——这就是平等的力量，并且这就是平等的所有内容（p. 644）。

诸如这样的解读，并没有推动一种充分发展的建构主义，而是倾向于把朗西埃的论证理解为一个教育的一般理论，主张应该把学生的学习和理解置于中心。针对这样的解读，我希望坚称，朗西埃的著作为我们提供了一个关于**教学**的论证，而不是关于学习的论证，并且这个论证的"位置"处于**教育性解放**的讨论中。

教学在解放教育中的角色

从第一个观点来看，因为它揭示了朗西埃是在呈现支持教学的论证，而不是支持学习的论证，所以朗西埃在《无知的男教师》中的论断，并**不是**"没有教师任何人都能学习"的论断。这并不是因为朗西埃不同意这个论断，因为它是有效的，它显而易见是真实的。这是因为，这不是他讨论所涉及的内容。朗西埃所做的论断是(恰在此处，他将自己区别于解放的现代逻辑，区别于弗莱雷)，如上所述，解放并不在知识上"运行"(这就是为何他的论证，应该在教育性解放的范围之内来解读)。而且，解放不是在关于人类本质的真理上运行，也不是在关于被解放者的客观条件的真理上运行。正是因为这个原因，解放型教师不应该被理解为拥有**这种**知识的教师，这也就是为什么解放型教师被描述为是无知的。

但是，再次重申我的观点，这不是因为解放型教师缺乏知识，而是因为**知识不是解放的路径**。此处还蕴含朗西埃关于平等作为**前设**这一论断的重要性。不同于弗莱雷，朗西埃没有提出关于人类本真性存在的强论断供人们讨论，在这个意义上，他明显是非康德主义的。朗西埃表达的是一种清晰的政治兴趣和明确的政治任务[12]。

因此，朗西埃写道："学习也会发生在实施钝化的人所在的学校中"，这准确表明解放不是学习问题。学习可以发生在任何地方，不管有没有教师。不仅如此，而且在朗西埃那里还存在这样的观点，即"成为解放的状态"(而实际上更准确地说：将要被解放)并不是一件要求学习的事情，而是关于在平等的前设下，使用某人智力的事情。这样做不是揭示某种特别的能力，尤其不是揭示学习、解释或理解的能力，**而是把自己刻写在关于平等的政治意图中**(Biesta，2010b)。当然，为了以这种方式运用自己的能力，就不需要教师了，这就是运用**自己的**智力的全部理由。但是，教师发挥作用的地方，是在这样一些情况下，即学生(我愿意补充一下：任何年龄的学生)**否定**或**拒绝**(运用自己的智力)这一选择。有些学生要么声称他们没有能力依靠自己的思考和行动，要么表示他们不愿意依靠自己的思考和行动。因此，解放型教师在那些情境中拥有一个角色，那样的情境即学生否定或拒绝他们作为(一个)主体的可能性，而宁愿是或依旧作为(一个)客体。解放型教师的独特干预，其目的就在于这种"态度"，如果那是一个合适的用语的话——我在第5章会再讲这个观点。

朗西埃解读朗西埃

我对以上讨论有两点补充，并且二者都与朗西埃对自己著作的反思有关，也是对别人解读朗西埃的方式的回应。第一点与讲解问题及其地位有关，因为看起来在那些对朗西埃著作的评论中，有一种强调讽刺意味的倾向，即（朗西埃）力图讲解其著作是关于什么的，而那些著作似乎对讲解逻辑又颇多批评。但是，正如我已在前面部分表明的，我们不应该把朗西埃的论证解读为禁止讲解（Hallward，2005；Stamp，2013）。朗西埃本人对此很清楚，有助于我们理解这点。他写道："我们当然可以运用我们作为合法'传输者'的身份，从而把我们的知识置于别人的'处置'之下"，而这实际上是他自己"一直在做"的事情（Rancière，2011，p. 245）[13]。此处唯一的观点是，讲解（特别是解释在别人头脑和生活中什么真正在发生的那种努力）不是解放的路径。

但是，我所补充的第二点，在我看来则是更成问题的，因为在朗西埃的晚期著作中，他对自己著作的解读似乎转向了建构主义式的解读。在那里，解放被理解为人们去学习的自由，并且，更具体地说，转向了解释和理解的自由。在上面引用的关于合法的传输者的文章中，朗西埃持续着这种解读，并写道："从雅科托的视角看，正在实施'钝化'的事物，是预期的意愿，即预期学生们将会以某种方式掌握我们置于他们处理之下的一切"（Rancière，2011，p. 245）。这在《被解放了的观众》中是一个更大的主题。该主题最初是2004年的一个演讲，后来作为第一章，以一本相同名字的书出版了。（Rancière，2009）尽管这篇论文中的讨论是有关戏剧问题和观众的立场的，但是朗西埃也将其作为一个教育难题而讨论，明确地参考了《无知的男教师》[14]。

朗西埃在演绎自己在那些讨论中提出的教育动力学说时，他似乎已经从对解放性的教学的专注，转向对教育作为一个教—学情境的更为通用的陈述，或者，正如我在前面提到的，转向关于讲授的一个总论。而朗西埃在这里提供的陈述，是一个接近于建构性解读的陈述，其中教育的动力不是从教师到学生的知识传输，而是学生通过我们可称之为"尝试—错误"的途径而学习的陈述——用朗西埃自己的话说，即"这样的路径是从她(学生)已经知道的，到她还不知道但是能像学会其他部分那样而学会的路径"（Rancière，2009，p. 11）。朗西埃把这称为"转化的诗性劳作"（the poetic labour of translation），并声称它"处于所有学习的核心之处"（p. 11）。它之所以是转化，是因为它是从她已经知道的，转移向她还不知道的过程；它之所以是诗性的，是因为学生并不重复已经存在的，而是投入他或她自己的理解。正如朗西埃所言：

> 从这个无知者，弄清楚符号的意义，到建构假设的科学家，同样的智力都在发挥作用——智力把某些符号转化为另一些符号，并且通过比较和举例而前进，从而传达它的知识冒险经历，并且理解其他的智力在努力把什么传达给它（Rancière，2009，p. 10）。

在这个陈述中，教师也表现得与我在上面讨论过的有所不同，即教师是作为辅助者而出现。"他不教他的学生知识，但是命令他们在事物与符号的森林中冒险，命令他们说出他们见到了什么和他们对所见的是怎么想的，命令他们证实它并让别人去证实它。"（p. 11）

那么，朗西埃在这里描述的，更多的是一个对学习的陈述而不是对教学的陈述。而且，它是一个关于理解的总体意义上的学习，即我在第二章中引入的学习作为掌握这一用语。它可以从建构主义的角度来解读，因为每个个体，我们甚至可以说：每个个体学习者，建构他或她自己的"故事"，或者用朗西埃的用语：每个个体"创作她自己的诗"（p.13）。朗西埃在其关于教育动力的陈述中所做的一个强调是：教师/表演者与学生/观众之间没有直接关系，因此既不存在"统一的传输"（p.15）这个目标，也没有这个可能性。但是，总会存在"第三件事物"，比如艺术品、舞台表演、一本书，"或某篇文章"（pp.14-15）。这个事物"对二者都是陌生的"，但是他们可以去参照它，"从而共同证实学生看到了什么，学生对此说了些什么，以及学生对此有什么想法"（Rancière，2009，p.15）。因此，关于这个"事物"，存在解读的彻底开放性。朗西埃也的确断言"在剧院，面对表演，正如在一座博物馆中、一所学校里或一条街道上，只有个体在所遭遇和被环绕的事物、行为或符号森林中，设计他们自己的道路"（p.16），而这提供了"能够让我学习新事物的起始点、交叉点与汇合点"（p.17）。

关于《被解放了的观众》，至少从我在前面探寻的视角来看，最为突出的一点是，朗西埃似乎把解放"时刻"准确地定位在观众的解读行为中，并且这也意味着定位在学生的解读行为中，即定位在他们宣称"意指的自由"中。当艺术家"建构展现他们演艺表现力和效果的舞台时"，关于由此而浮现的"新语词"（new idiom），朗西埃论述"语词的效果是不能预见的"，而它"要求这样的观众：他们发挥了积极阐释者的角色，拓展了他们自己的转化以便利用'故事'而使其成为他们自己的故事"。朗西埃由此做出结论，认为"解放了的共同体是一个叙述者和转化者的共同体"(p. 22)。

看起来朗西埃终止于此是有问题的。这有两个原因，一个与教师的角色有关，另一个与解放的地位有关。第一个问题是对朗西埃著作的建构主义式的"理解"。具有讽刺意味的是，朗西埃本人也这样理解，而他在解放教育中型塑出来的教师的独特地位，似乎已消失了。朗西埃似乎"返回"到弗莱雷所在的地方，即教师作为学习的辅助者，学生的辅助者，以帮助学生建构他们自己的故事。与第二个问题相关的是，每个人的建构他们自己故事的自由，即我在第 3 章已经提及的"意指的自由"，是否是一个有意义的自由概念，也因此，是否是一个有意义的解放概念。

正如我在前一章已解释的，我对情况是否如此表示质疑，因为这立刻引出的问题是，我们基于什么样的标准去评判人们提出的不同的诠释、意指或诗。意指的自由因而呈现为一种新自由主义的自由（即每个人都有自由清楚表达他们自己的"故事"），而不是政治自由，更不要说民主自由了。而在民主自由中，总会有这样的问题，即不同的"诗"怎么影响**在平等中共在**(together-in-equality)地过我们生活的方式，而不是我们每个人都封闭在各自的故事中。鉴于平等的观念在朗西埃的著作中占有如此重要的地位，这点是非常显著的。不仅如此，这点之所以显著，还因为从前面的重构中浮现出的解放型教师的形象，恰恰把"解放型教学"(emancipatory teaching)描绘为对这样一种相对主义的组织形式的**中断**，因为在那样的组织形式中，学生将只在他们自己的世界里打转——而这种解放性教学，是对拒绝以主体而存在发出的一

79

种中断。

结论：不要被无知的男教师蒙蔽

在这一章中，通过表明对教师而言，他们有一个清晰的角色、任务和身份，我已经力图强调朗西埃对解放教育讨论的独特贡献，而这与看起来是弗莱雷关于解放教育观点的要旨有所不同。不同于批判教育学的情况，这个解放任务不应被理解为以真实意识取代虚假意识。但是，不同于弗莱雷，朗西埃没有从这里得出我们应该去除教师的结论。而是，他强调了解放"运行"于知识上的观念所具有的问题。这就是解放型教师可以被称为无知的一个理解。解放型教师以无知为特征的另一种方式，是因为这个教师没有把所断言的学生无能这一认识作为他的出发点，而是把智力平等的假定作为他的起始点，而这，正如我所揭示的，恰恰不是关于知识或真理的问题(在这里，朗西埃再次采取了从根本上不同于弗莱雷的取径)。

正如我力图论述的，这与朗西埃的著作被理解的一种方式毫无关联。这种理解方式就是教育中的所有事物都依赖于学生的意义建构，而教师只能是这一过程的辅助者，但没有什么要给予的，也没有什么要补充的。所以，我们不应该被无知男教师的形象所蒙蔽，以为没有知识可给予(学生)的男教师也没有教学工作可做，因而应该向课堂的边侧转移而成为学习的辅助者。对朗西埃而言，解放型教师恰恰是：参与到教学行动中的教师。同样，我们也不应该被这样的思想所蒙蔽，

即以为学习的自由，更具体地说，解释的自由和意指的自由，就是我
们把自己刻录在平等的政治意图中的方式，**在**世界中但不是在世界的
中心，作为成熟的主体而存在。

注　释

[1]　同样的"问题"也出现在朗西埃理解阿尔都塞（Althusser）的著作中。
（见 Lewis，2012，p. 31）朗西埃对学习的构想也有些问题。（Hallward，2005；
Citton，2010）对朗西埃著作这一方面的讨论不在本章讨论范围之内。

[2]　在这一部分和后面的部分中，我总结了在比斯塔 2010b 和 2014 的著
作中发展出的主要思路。

[3]　德文为："Der Mensch kann nur Mensch warden durch Erziehung. Er
ist nichts，als was die Erziehung aus ihm macht."（Kant，1982，p. 701）

[4]　路易斯（Lewis，2012 ）在其对弗莱雷的精细解读中，似乎淡化了弗
莱雷著作中这一独特的方面，而是把弗莱雷和新马克思主义者所理解的压迫
靠得更近，把压迫理解为压迫者对被压迫者施以无端权力，故而解放"活动"
就是去神秘化的活动（Lewis，2012，p. 104）。正如我在后面论证的，尽管去神
秘化在弗莱雷的解放教育的总体构想中扮演一个角色，但其解放的基本逻辑
是从克服异化的角度而构想的，而不是从克服压迫权力而构想的。

[5]　可以论述的是，这恰恰是朗西埃很少担心的，见下文。

[6]　尽管此处弗莱雷的观点与虚假意识的观念相近，也就是与新马克思
主义批判理论的一种压迫理解相近，但是关于这一点他的"方法"不是回归到
解释，而是联合行动（用弗莱雷的话说，即联合打算）。

[7]　这是一个重要的观点，因为许多《无知的男教师》的读者似乎以为朗
西埃只是描述了雅科托的理论，而且只是支持这个理论。虽然有时的确很难
看出雅科托的理论是在哪里结束的，朗西埃的观点是从哪里开始的，但是我
希望在二者之间做一个根本的区别，并且希望提出对《无知的男教师》的解读
聚焦于朗西埃"通过"雅科托的故事所做的论证。当然，参考雅科托的思想本

身是合理的，但如果是那种情况的话，我会论证《无知的男教师》不是一个可靠的来源，而且读者应该直接探索雅科托自己的著作。

[8] 把这个行为指称为揭示的行为稍微有些误导，因为它可能把朗西埃的解放逻辑简约为讲解的逻辑。在后面，我会提供一个不同的而且在我看来是更为准确的对解放教学的表述，在那里，解放教学呈现为禁止学生对一个论断的表面满足，这个论断就是"没有教师讲解者(teacher—explicator)的帮助一个人就没有能力学习和理解"。

[9] 在路易斯(Lewis, 2012)比较弗莱雷和朗西埃过程中，他提出在弗莱雷那里，我们发现了对自由的关注但几乎忽略了平等问题，而在朗西埃那里，我们发现了对平等的关注但几乎不注意自由问题。虽然，朗西埃试图阐明解放逻辑始于平等的前设，而非不平等的前设，但是，朗西埃关于"学生无法逃离运用他们的自由"这一观察，表明路易斯的如下论断并不完全准确，即"通用教学依然对自由问题保持沉默"。(p.73)毕竟，正如我在下面将要论述的，教师的解放"行动"的核心是中止学生对自己的自由的否定或拒绝。

[10] 关于弗莱雷和朗西埃的异同的讨论，参见以下相关著作(Galloway, 2012, Lewis, 2012)。

[11] 两种表述在某种意义上听起来颇具康德主义的意味，因为人们可以想象，解放型教师可能践行的方式，是告诉学生他们应该有勇气运用他们自己的智力，而这与康德关于启蒙运动的"口号"Sapere aude! ——有勇气运用你自己的理解，是一致的。关于鼓舞的层面，参见松德雷格的著作(Sonderegger, 2014)。虽然我同意路易斯关于朗西埃著作中有强烈的康德"特征"的观点，但是我将不会把这点置于解放型教师的"命令"的所谓的中心，这个命令要求学生们遵循他们自己的道路(Lewis, 2017, pp.78-79)；而我将把它置于对学生某种状态的中断行为中，即学生对运用自己的理解的能力持否定态度，也就是对他们自己的自由持否定态度，故而需对其加以中断。此处的差异与这样一个事实有关，我在第一章已提到过，即作为主体而存在，并不只是遵循任何路径，而是关于力图遵循某种"成长"的路径，可以这么说。

81 [12] 关于在教育领域对朗西埃著作的"理解"，可能同样重要的是提到以下观点，即他的论证可能首先不是指向学校的某种特定格局的，而是就社会以学校教育的某种特定逻辑运行而言，它首先是对社会的评论。这个论点在下列著作(Bingham & Biesta, 2010)中详细讨论论过，特别是在结论那章《世界不是学校》。

[13] 另见路易斯著作的第一章(Lewis, 2012); 该章对朗西埃和阿尔都塞的异同做了一个令人信服的陈述。

[14] 教育性解放的问题必须区别于艺术领域中的解放问题。毕竟, 我们不应该自动就认为艺术是教育性的, 也不应该自动就认为教育是"艺术性的"(关于两者的关系, 另见 Biesta, 2017)。我运用"艺术的"这个词为的是将此处的论述区别于关于教育美学的讨论, 而关于这一点, 路易斯(Lewis, 2012)已经提供了一个极具原创性并且很大程度上令人信服的论证。在我的论证中, 提出艺术与教育关系的议题, 是因为朗西埃在《解放了的观众》中把二者紧密地连在了一起。

/第 5 章　期望不可能的事物：教学作为异识/

82　　在第 1 章，我已经为在教育中"成败攸关"的方面提供了一个准确表达。我是这样展开论述的，即提出教育任务关涉的是，在另一人的内在唤起想在这个世界且与这个世界，以成熟的方式而存在的欲望，也就是，作为主体而存在的欲望。在这个世界上以这种方式存在，在这个世界上力图以这种方式存在，意味着我们所欲求的是否是我们应该一直欲求的这一问题，成为一个持续存在的问题，一个不管我们走到哪里都随身带着的问题，一个我们不管遇到什么都会发挥作用的问题。我已经指出，以这种方式看待教育，不应该被视为教育目的应该是什么的某种特定偏好的表述，因为，作为偏好，总可能有其他方式存在，我把它指称为一个任务，一个 aufgabe，即某件**被赋予**我们的事情，以及一个 opdracht，即某件被要求我们**承担**的事情。由此，我已经试图揭示，与其说以这种方式看待教育是一个供选择的事情，不如说是，当我们遇到"生生不息的事实"（fact of natality，阿伦特语）时而来到我们面前的事情，这个事实就是：儿童出生于我们中间，或者学生来到我们的课堂。

140　|　**重新发现教学**

确实，尽管儿童没有被问过他们是不是想出生，但是在新生儿童世界里，对生活的欲望几乎没有缺席，所以就此来说，有人可能会问是否需要来唤起他们的欲望(或者，这是否只有在"极端"的情况下才是需要的)。然而，重要的是，要牢记对生活的欲望首先是对**生存**的一种欲望，而以成熟的方式想要在世界上作为主体而存在的欲望，指的是存在的一种特别方式，一种**过**自己生活的方式，可以这么说。唤起想要**作为主体**而过自己的生活这一欲望，意味着，一方面我们应该帮助儿童和年轻人让他们想要存在于世界的愿望不那么过分，而另一方面，我们应该帮助他们在遭遇到世界的挫折时不那么快速地走开。就学校而言，这可能已经有点更复杂了，因为在某些时刻，学生可能会意识到没有人问过他们是否想待在学校(而有些人可能实际上会就他们的总体的生命而言，而提出同样的问题)。这有助于解释为什么教师的教育工作，即力图帮助学生留在艰难的中间地带的工作，是真正艰难的工作，而且是带有风险的工作。

作为主体存在于世界并与世界共在，意味着学着接受这样一个事实，即这个世界(既指自然世界又指社会世界)不是我们自己幻想的一种建构或投射，而是靠自身而存在并在其完整性中存在。作为主体存在于世界并与世界共在，因此意味着力图与世界进入对话，而此处对话(dialogue)不应被理解为随意交谈(conversation)，而是作为我提到的一种存在主义的形式。在第 2、第 3 和第 4 章，我已更详细地探索过这种在对话中存在(being-in-dialogue)，使我们作为主体的存在，从学习作为掌握和所谓的意指的自由中解脱出来，向着这样的观念发展：我们成熟的主体状态，浮现为对"向着我们讲话"的一种回应、浮现为一个"被(他者)对着讲话的存在者"(a being-spoken-to)。这就是**我的**主体状态"成败攸关"的时刻；在那里我遇到了自由，这种自由是只有**我**才能做的事情(列维纳斯语)，而且没有人能替代我的位置。这可以视为(我)与"被教"的经历相遇，或者用更简洁的语言表达，视为(我)与教学的相遇。恰恰沿着这些思路，正如我在第 4 章提出的，教学具有解放的潜力，因为它中断了我们"与我们自己共处"(being-with-ourselves)的状态，并潜在地把我们从中解脱出来，从而产生"作为主体而存在于世界"。

在这一章中，我希望再次考察"教学"，但较少从教师的一般工作的角度看，而是更多地从我们可以称之为教学**行动**(act of teaching)的角度来看。不同于紧密连接时间逻辑的教学构想，比如教学作为促进发展或生长，或者是为"以后"灌输某些本领或能力，我提出，当教学对另一个人的主体状态抱有兴趣或具有导向时，它以一种完全不同的方式行动。受到朗西埃的启发，我将把这种教学"特性"指称为**异识**。异识不应被理解为共识的缺席，或意见不同或冲突的时刻，而应该理解为把我们可以称为"没有共同衡量标准的元素"(incommensurable element)带入事物的已存在状态中，或者用朗西埃的用语说，带入某种特定的"可理解的分布格局"中。因此，异识，如朗西埃所解释的，不是"利益或意见的对立，(而是)在一个确定的、可理解的世界内部，某种给定事物所产生的结果，而且那种给定事物与它所产生的这个结果是完全异质的"。(Rancière，2003，p. 226)

在我们**恰恰**公然不顾所有可靠的证据——能看得见和能知道的所有一切——的情况下，在把儿童或学生对待为主体时，异识就会在教育中发生。但是，正如我将在本章详细讨论的，恰恰是这样一种姿态，一种教学姿态，为孩子或学生显现为主体打开了一种可能性。因此，教学作为异识，可以视为从儿童或学生那里期待"不可能的事物"的一种方式，即如果我们不把"不可能的事物"理解为**没有**可能，而是遵循德里达(1992b，p. 16)的观点，将其构想成"不能**预见**为一个可能性"，不能在此时此地估计为或预测为一个可能性。教学作为异识，其目的指向成熟的主体状态，恰恰以面向无法预见的事物为其特征（另见 Torgersen，2015)，即面向**没有**呈现出来的一切，面向可以作为希望的对象，如此也就要求信心(faith)，但教学作为异识永远不可能是一件关于知识或确定性的事情(Halpin，2003；另见 Biesta，2006，第 1章)。

教学作为异识的观念引入一个"逻辑"，如前面提到的，它非常不同于将自身捆绑于儿童发展或学生生长的教学构想。教学作为异识的观念可以说中断了这样的逻辑，因而引出了关于(我们如何理解)时间在教育中的角色的问题。在这一章中，我希望恰恰把这作为我力图探索的思路的起点。为此，我想回到 2011 年我与卡尔·安德斯·萨弗斯特朗姆(Carl Anders Säfström)共同发表的一篇短文；我们乐观地将其题目定为《为了教育的一个宣言》(后简称《宣言》，见 Biesta & Säfström，2011)。

84

在"是什么"和"不是什么"的张力中的教育

在《宣言》中，我们力图回应教育实践、教育政策和教育研究中的大量议题。在此文中我们使用的主要推论工具是，把教育中有关教育性的事物（在文中我们指称其为自由，而在这本书的语境下，可以更准确地描述为"成熟性主体状态"）定位为对两种选择的"超越"。这两者在不同的外衣之下，在教育的讨论中表现为彼此的对立面。我们在《宣言》中把这两种选择指称为**民粹主义**（populism）和**观念主义**（idealism）。

于是，我们论述："民粹主义，通过把对教育的关注简单化而呈现自身，即把对教育的关注，或者简约为个人品位问题，或者简约为工具主义的选择问题。"（Biesta & Säfström，2011，p.540）民粹主义如此呈现自身："通过把教育过程描述为简单、一维和直接的过程，基于'什么起作用'的科学证据，由教师通过对知识排序和对学生排序而进行管理。"（p.540）而另一方面，观念主义则是"通过对教育应该取得什么的过多期盼而呈现自身的。"（p.540）此处，教育"与诸如民主、团结、全纳、宽容、社会公正与和平等蓝图连接起来，即便是以深重社会冲突和战争为标志的社会也是如此"（p.540）。因为教育似乎从没能够达到来自民粹主义和观念主义的期盼，它被不断地引到辩护的立场。

有些人试图以观念主义反对民粹主义，论证解决之道在于让教育计划"合理"，而另一些人用民粹主义反对观念主义，论证用更好的科学证据和更好的技巧，终将能够修正教育，并且让它起作用(Biesta & Säfström，2011，p. 540)。

民粹主义和观念主义的对抗，可以解读为更广泛的对抗的一种特别体现，这就是导向"是什么"(what is)的教育和导向"不是什么"(what is not)的教育之间的对抗。于是我们论述，这两种导向都对自由的可能性造成威胁。在"是什么"的庇护下的教育，成为**适应**的一种形式。 85

> 这可以是对社会的"是什么"的适应，在此情况下，教育成为社会化。或者这也可以是对个体儿童或学生的"是什么"的适应，于是就以诸如这样的"事实"为出发点：天才儿童，注意(力)缺陷多动障碍(ADHD)儿童，学习困难儿童，等等(p. 541)。

但是，在这两种情况中，教育都失去了面向自由的导向；它失去了对一种"额外"事物的兴趣，而那种额外事物宣告新事物和不能预见的事物。然而，我们论证，对这个问题的解决方法，**不是**把教育置于"不是什么"的庇护之下，因为那样的话，我们就把教育和乌托邦的美梦绑在了一起。"使教育与纯粹的乌托邦分离，不是一个悲观主义问题，而是不使教育承担不可能达到的希望。那样的希望拖延了自由，而不是在此时此刻让自由得以可能。"(p. 541)我们对这点进行了如下总结：

把教育和"是什么"紧密联系在一起，是把对教育的责任转让给教育之外的力量，而把教育和"不是什么"紧密联系在一起，是把教育的责任转让给缥缈未来的稀薄空气（Biesta & Säfström，2011，p. 541）。

既然就教育而言什么在教育性方面是重要的，即自由，在我们把教育与"是什么"或"不是什么"紧密联系在一起的时候，会存在消失的危险，那么，我们在《宣言》中提出教育的合适"位置"处于"是什么"和"不是什么"之间的张力中。虽然在某种意义上，教育传统是熟悉这样的张力的，然而对这个张力的最为普遍的解读是把"不是什么"从**时间的**角度来理解，即理解为"**尚**不是什么"（what is not *yet*）。尽管"尚不是什么"，不是此时此刻"尚不是什么"，但它被视为在未来某个时刻会到来的事物。这可能在自由观念在现代教育话语中出现的方式中最为明显，即自由作为在教育结束时应该到来的事物，那时儿童已经充分学习过了，或者在另一些话语中所说的，已经充分生长了，已经充分发展了，以便能够为自己的行动承担责任，从而抵达一种解放的状态。

把"不是什么"按照"尚不是什么"的方式来构想，进而把教育视为在未来某个时刻实现其承诺的过程，其问题在于，自由问题在此时此刻消失了，进而"冒了**永远**拖延的风险"（p. 540，强调为原文所加）。如果就教育而言，自由表示恰当的教育性事物，那么这样的引导具有的风险是：把教育性的事物结构性地置于遥不可及的地方，即总会到来但是从不会完整地在那里，或者更准地说，即从不会完整地在**这里**。

这提出来的问题是，教育的时间性理解，即教育在根本上从某种跨越时间的发展角度被看待，是否能够完全表达教育对自由的兴趣，或者是否我们应该以不同的方式思考时间和教育。当我们思考一种教育逻辑的可能性，即不同于现代教育的时间逻辑，而明显是非时间性逻辑的时候，这些的确是我们所暗示的。当我们说教育需要处于"是什么"和"不是什么"之间的张力中，而不是处于"是什么"和"尚不是什么"之间的张力中时，这也的确是我们所想的，而恰恰是这样的张力，通过我们对朗西埃的追溯，我们指称其为**异识**。

为了理解教学作为异识是什么，为什么它是重要的，以及它是怎么重要的，我首先希望谈几点在对教育的普通理解中时间发挥其作用的方式。我通过简短讨论六个"时间性"概念来进行；而这六个概念是教育讨论中的重要部分：变化、学习、发展、学校教育、儿童和进步。

教育的时间

许多人的确会论述**变化**是教育"事务"的核心，不管是对儿童的教育，还是对成人的教育。毕竟，如果教育不带来任何变化，人们可能会说教育已经失败了，或教育没有发生，尽管某些变化可能会花很长时间才会显现或产生效果。所以，教育"行动"可以被视为支持变化、促进变化、辅助变化，甚至是驱动变化。而这样的变化几乎总是从占用时间的过程来理解。毕竟，变化是从事物的一种状态转移到另一种状态，因而假定某个特定的从 A 到 B 的轨迹。在教育中，这样的轨迹与价值判断相随而行，即关于变化的向往性的判断。因此，教育可以说具有一个目的性的结构，因为它具有朝向一个令人向往的"结果"的导向(而这让如下问题成为开放的问题：谁能够或者应该界定这个结果，谁能够或应该"向往"这个结果，以及在何种程度上这个"结果"是或者应该是可以完整界定的)。

从变化这一概念，我们可以容易地移向**学习**概念，因为学习可以被视为一种特殊形式的变化，而且可能它是一种普遍被教育者和教育学家所偏爱的形式。在根本而广为接受的学习定义的基础上，即学习作为或多或少的变化(进一步具体而言，比如认知、理解、掌握或技能方面的变化)而非自然成熟的结果，我们可以论证，关于变化的言论也可以是关于学习的言论，因为当我们学习了某些事物，我们也已发生变化，而导致这个变化的过程可以被理解为是一个学习的过程。于是我们得到类似这样的教育定义，即教育作为支持学习，教育作为促进学习，教育作为辅助学习，或者教育作为驱动学习，其中学习被视为一个花费时间的过程。学习是把学习者从事物的某种状态带到事物的另一种状态的过程，其中学习者已经有所学，并且在多数而非全部情况下，**意识到**他或她已经有所学。

在教育中具有核心角色的第三个概念是**发展**。尽管发展可以被看成一个心理学概念(在某种意义上它只是如此)，但是它持续地对教育思想和教育实践制订规划。可能是从施莱尔马赫(Schleiermacher)开始，把教育看成社会对人的发展这个事实的回应，通过皮亚杰和维果斯基，把教育构想为对发展的促进(尽管二者对这个过程的"逻辑"有不同的观点），又通过科尔伯格对道德推理的促进观，直接进入神经系统科学，以及关于大脑及其功能发展的教育促进论。发展可能是最典型的时间概念，因为它带有时间展开的观念(对发展的目的性解读)或者跨时生长(growth-over-time)的观念(对发展的非目的性解读)。可能我们甚至可以说，关于发展的观点已经对教育的时间性建构产生了最大的影响。这体现在：要么通过这样的观念，即教育需要**遵循**发展(这是皮亚杰的著作被理解的一种方式)，要么通过这样的观念，即教育能够在某种程度上**导致**或**促进**发展(这是维果斯基的著作被理解的一种方式)。尽管实用主义，特别是通过杜威的实用主义，批判了目的性发展观念，并以"生长"概念取而代之，但是实用主义的确也保留了教育的时间结构。实用主义者不仅认为，正如杜威所论述的，教育的问题在于获得个体和社会因素之间的协调——一个明显占用时间的过程。而且更进一步，实用主义者把教育理解为对经验的改造，这彻底是一个时间过程。

此处，提及一点是重要的，那就是，我们能在变化、学习和发展概念中找到的时间概念，是一个**线性的**时间概念，而不是一个**循环的**时间概念。人们甚至可以说，变化、学习和发展的观念只能在线性时间概念的范围内理解，因此要从变化、学习和发展的角度理解教育，只有随着线性时间概念本身的进步才是可能的。这个进步，一般被视为属于现代世界观的兴起和现代社会的兴起。正是这种时间构想，带来了莫伦豪尔(Mollenhauer)所指称的"教育时间"(*Bildungszeit*)这一现代观念(关于此概念见 Schaffar，2009，pp.137-140)。莫伦豪尔强调，新发展出来的、提供时间的精准测量的可能性，不仅导致了时间的一个全新概念，而且带来了生活的时间化和时间的经济化，后者在"时间就是金钱"的观念中得到了例证。对时间的新构想，以及对生活的新的时间化，在学校教育的组织方面产生了深刻的影响，不管是就学校教育的结构而言，还是就学校教育的内容而言。

莫伦豪尔在此处指向一个显著事实，即在数十年间，全欧洲的学校教育都按照某种特定的时间逻辑进行组织，其中教育被理解为在时间上的线性前进，即"progressus"或者"progressio"（Mollenhauer，1986，p.80）。为了使其得以可能，教育不得不以发展水平大体相同的儿童构成的相同类别来组织，而这又反过来要求教育内容不得不以细小的时间单元来分割，以便学习的进步是可能的，并且是可以评价的。于是，有了时间表和课程（理解为为了进步的时间轨迹）的需要，然后出现了对教育过程——理想上来说没有中断（p.80）——的线性进展的更为广泛的关注。值得注意的是，教育目的和目标本身也日益从时间的角度界定了，而不是参照特定的学业成就。比如，上学日的结束，不是当学习已经完成时，而是在时间用完时。强迫的学校教育到了一定年龄就终止，而不是在达到某种学业水平时完结。因此，恰恰是时间在组织安排教育过程，而不是教育过程控制教育所需要的时间（p.80）。

如果学校教育的现代性建构，向我们呈现出某个特定的时间观念是如何成为教育**环境**的组织原则的，那么，同一时期出现的**儿童**概念，揭示了时间概念是如何移入儿童概念的，不管是在普通意义上来说，还是就更为具体的儿童作为教育生物(德语概念 Bildsamkeit 所表达的)的概念而言。儿童(现代儿童)被理解为一种"尚未成为"的人，一种"在发展中的"人，以及"一种需要教育的"人，首先是为了支持或促进这种发展。乍一看，这可能最为深刻地表达在康德的名言中，即人只有通过教育才能成为人。儿童的"尚未状态"(not-yet-ness)，儿童需要时间以便成为和以便到达的事实，不仅在"教育为什么是必要的"这一问题中运行为一个论据，而且在教育的合理性问题中运行为一种辩护。因此，人们可以说，不仅仅是这个儿童需要教育；而且恰恰是教育需要这种特定的儿童。当我们从"教育学"的层面移向教学法的层面时，我们能在学习者这一概念中找到一种相似的思路(Biesta, 2010c)，因为学习者恰恰被界定为尚未到达某处的人，缺少某些事物的人，需要教育的人，以及需要教师去填充这种短缺的人。于是教学或者直接通过讲授，或者间接通过给予学习的任务，来填充那种短缺。再次地，我们可以说只要学习者需要教学，那么教学也需要这种特定的学习者。

　　注意到以下这个观点也许并非不切实际：时间性建构的儿童概念，以及由此而来的时间性建构的学习者概念，是一种殖民式思维方式的例子。在这种思维中，他者(儿童，学习者)被界定为是有某种短缺的，并且是"在需要中的"，以便教育者能够占据一种地位去填充短缺、去满足需要。这显然引出了权力问题。当然，这样的问题对教育传统而言并不陌生。但是，我在这里想要强调的是时间在这个殖民式关系中出现的方式。约翰内思·法比安 (Johannes Fabian)，在其著作《时间和他者》(*Time and the Other*, Fabian, 1983)中，曾经造了一个词，即

"allochronism"（异时性）。该词用来指现代人类学建构其研究对象的方式，正是否定人类学家和他们的研究对象的同时存在，从而让他们的研究对象被置于另一个时间中。儿童的现代概念，作为"尚未成为的人"和"处于需要中的人"以同样的方式发生作用，即把儿童的时间和教育者的时间分离开来，从而使教育（理解为联结时间沟壑的活动）变得必要，并且一下就获得了合理性。在我看来，谢弗（Schaffar，2009，pp. 107-108），正确地进行了论证，指出我们这里遭遇的不是经验性事实，而是道德的观点，或者如我偏爱对它们所称呼的那样，是具有价值判断的观点。这一特定的思想，即对儿童的时间性建构，因此不是一个经验性的现象。但这不是说经验性事实就不重要，而是说，这首先是一个有价值判断的选择，也因此是一个教育性和政治性的选择。

最后一个我希望添加在这个名单上的概念是**进步**观念，即教育是进步的一个工具这一观念：儿童的进步，社团的进步，国家的进步，甚至是整体上的人性的进步。进步，我们可以说，从时间逻辑的角度规划了整个教育蓝图；在那个逻辑中，未来应该比现在要好，而教育是带来更好未来的调节工具。什么算是"更好的"有大量不同的维度。有些是物质性的，比如经常听到的承诺，认为教育是知识经济的原动力，那样的经济会在全球竞争环境中输送竞争优势；或者教育是对人们未来个人赚钱能力的投资这样的观念。另一些人则不同于物质主义，或是间接的物质主义的，比如教育是对人们的社会资本和文化资本的投资这样的观念，通常基于这样的假定：这样的资本在以后的日子中会"兑现"。最后，我们发现教育进步还被理解为迈向平等、解放和自由的轨迹。

以上简短的探索表明，时间，更具体说线性概念的时间，在我们看似最为熟悉的教育语言中是何其普遍，在教育过程和教育实践被理解的方式中是何其普遍。虽然关于每个概念及其历史与政治，有更多内容要说，但是我的这个探索首先旨在揭示我们面临的挑战，特别是当我们力图考察是否有可能以不同的方式与教育中的时间问题建立联系时，或者，更准确地说，当我们试图把时间从教育的平衡状态中抽 90 取出来时。但是，为什么我们想要做这件事呢？

教学：超越能力

"超越"时间的线性概念思考，并把对"教学"的思考和实践**当作**异识，这一愿望中有其成败攸关之处。要将其很好地表述出来的方式，是通过对"能力"观念的探索。因为人们可以论证前面部分讨论过的六个概念，全部依赖于这样的思想：教育是儿童和年轻人通过它都能变得**更有能力**的一个过程。通过在某个方向上发展，通过学习而获得知识和技能，通过获得学校系统的结构性支持，那样的系统与学习和发展紧密结合在一起，儿童开始有所变化。他们开始填充界定他们自身的那些短缺，并且如果所有这些都成功，他们向一个渴望的方向进展，最后以更丰富的知识、更多的技能和更多的能力而终止。如此构想的教育似乎要求教学要辅助、要支持、要做些引导、要随大流，以便儿童和年轻人在一个向往的方向上进展：这是教学作为共识，而不是教学作为异识。

只要教育运行在资格化和社会化的模式中，所有这些是完全可以理解的。在那样的情况下，学生更像是一个需要知识、技能和做事的方式的客体，于是成为更有能力的客体，但从来都不是一个主体。当然，学生必须参与到这个过程中来，因而在这个意义上，他们不是被动的，而是，用一种流行短语说，甚至是"积极的学习者"，但是他们不是主体。我试图说的是教育的整个时间逻辑，没有"触及"学生的主体状态，因为这个主体状态"位于"其他地方。当然，有一整个传统是从能力的角度来看主体状态和把主体状态视为能力，其中教育的任务被视为提供给学生评论和共情的技能（在这里只举这两个例子），为的是为他们的能动性赋予力量。但是，我在前几章努力要表达的是，我们的主体状态不是一种所有物，不是自我可以拥有的东西，而是一个事件，某种可能或可能不会发生的事物。值得关注的是，当列维纳斯把我们的主体状态描述为"内在性的断裂"（Levinas，1989，p. 204）时，他实际上是在强调主体状态**不是**关于我们能力、能耐或本领。如他所言："经历中的痛苦的动荡，让智力面对远远超越智力本身的事物。"（p. 205）列维纳斯所说的主体状态是关于"一个命令的可能性，一个'你必须'的可能性，且这样的可能性不考虑'你能够'"（p. 205）。

即便拥有了全世界的能力，也从不会保证在那一刻来临时，在对我讲的话到来时，**我**会在那里，或者，用也许更清楚但不那么理想的表述来说：我将**能够**在那里。我们所需要的，不是赋能（empowerment），不是用所有事物建构自我从而让自我有能力。可能我们所需要的，正如简·马赛诸林（Jan Masschelein，1997）所言，是**解除装备**（disarmament），为的是让对我们讲的话"到来"，为的是让主体"来临"。这样看来，主体状态的来临恰恰不是发展轨迹的结果，不是学习轨迹的顶点，而是突破所有这一切的事件，不管儿童——或就此事而言，任何年龄的人——是否为此事件有所准备。

这就可以解释我们在《宣言》中的观点，即如果我们把儿童的自由构想为"**尚**未到来的事物"，如果我们把它构想为在一个成功的、赋能的和解放的教育轨迹终点应该会到来的事物，那么，出现的将是"自由永远不会到来"的风险，从此时此刻消失的风险，并且"**永远**延误的风险"（Biesta & Säfström，2011，p. 540；强调为原作者所加）。这也是朗西埃关于教学和解放的观点落地的地方，因为，朗西埃的解放型教师**不做**的事情就是把能力带给学生，假如这个表述可以理解的话。他拒绝任何**不具备**能力的断言，拒绝"我尚未准备好"的断言，拒绝"我还不能够"的断言，拒绝"我还没有能力"的断言。并且，他或许是拒绝"我还不想做一个主体"的断言，或者拒绝"我宁愿做一个客体"的断言。那么，这也是为什么**被**解放的过程不是揭示某种特定能力的事情，而是在平等的前设下运用某人的智力的事情，并且由此，把自己铭刻在平等的政治蓝图上，正如我在前面一章中所论述的那样。

此处，教学呈现为异识而不是共识，首先是因为它冲破了事物的现存状态，拒绝依赖"没有能力"和"没有能耐"（的认识）。在那样的意义下，我们已可以说教学作为异识，把没有共同衡量标准的元素带入事物的现存状态，带入可理解世界的现存分布格局，因为这种教学拒绝接受它发现的"意义"。但是在朗西埃的思路中，存在一个更为积极的维度，因为对"没有能耐"和"没有能力"的意识的拒绝，同时也是对智力平等的假定的**证实**。证实，正如我在前一章中所揭示的，不应被理解为证明这个假定的真实性，因为这里的成败攸关之处并非它是否是真的，那样的话，将会把所有一切带回到能力问题。这里，证实是字面上的**使（其）成为真**（*facere* and *veritas*），即如果我们以这个假定为出发点，看看我们**可以做什么**。智力平等之假定的反事实性本质在这里是重要的，因为成败攸关的问题并不是这个假定是否为真，不管对这个独特案例而言，还是对全人类而言，而是如果我们从这个假定出发，什么可能会发生。它的结果是否为真，是一个我们只能在未来才能回答的问题，但是为了打开这个未来从而将其作为可能的未来，我们需要基于智力平等可能为真的假定而行动，因为只有那样我们才会发现它是否是真的。

在这里，我们遇到的是一个非常基本的教育逻辑，特别是相对于主体状态的问题而言。要理解这里的成败攸关之处，理解为什么这个逻辑是至关重要地具有**教育性**，一种方法就是研究信任在教育关系和更普遍的人与人之间的关系中所扮演的角色。正如我在其他地方更详细讨论过的（Biesta，2006，第1章），关于信任，值得关注的是，只有在那些我们不能确保知道另一个人将如何行动的情境中时，信任才是需要的。如果我们已经能够预测另一个人会做什么，那么给另一个人以信任并没有意义，并且也没有必要；那样，互动纯粹是一件推测的事情，虽然本身也没有错。当这样的推测不具有可能性时，信任开始发挥作用。当然，我们可能永远不能**完全**确定另一个人会如何行动或回应。因此，从给出信任的人这一方来说，信任总是含有一种风险，特别是另一个人将会以不同于我们所期盼的或希望的那样行动时。伴随信任而来的风险，可以不从道德的角度理解，比如说人从根本上讲是不可信赖的，而是最好理解为对人的自由的一种认可：我们不得不以这种方式或那种方式而行动的自由，说"是"或"不是"的自由，随大流或反主流的自由。信任另一个人，把信任给另一个人，因而也让这种自由参与进来起作用。另一个人是否可以被信任，他或她是否"值得信任"，如我们经常表述的，正是只有在我们**给出信任**的时候，只有在我们冒那个包含在信任中的风险的时候，才会发现的[1]。

我们把信任赋予某人，可他／她的自由恰恰没有实现，而另一个人却做了我们所希望的，看到这一点是重要的。毕竟，"不去做"的可能性，也是另一个人的自由的一部分，并且另一个人可以有很好的理由不做我所希望的(我们需要把这一点与"只是"不可靠或"只是"不值得信赖区别开)。重点是，只有当信任被给出，当我们把没有共同衡量标准的因素带来，即不是基于任何知识或证据，而且甚至与我们目前拥有的所有知识和证据相反时，所有这些可能性才会变成真的。从教育观点看，重要的是信任恰恰打开一个"空间"，在那里儿童或学生遭遇到他们的自由，并且在那里他们需要弄明白用这样的自由去做什么。信任，换句话说，让他们的主体状态成败攸关。没有信任，没有赋予信任，这个空间可能不会打开，而且甚至是这样的情况，即没有信任，这样的空间将**永远**不会打开，并且如果那样，可能的"作为主体的未来"依然是被堵塞的。就儿童或学生的主体状态的问题而言，这就是为什么教学需要践行为异识；它需要从儿童或学生那里期望不可能的事物，即期望那些不能**预见**、不能预测，或不能推测为一种可能性的事物。

这也表明，关于我们的学生，且更广泛地说，关于我们在教育关系中遇到的人，如果我们知道或想要了解得过多，那会有什么样的问题，因为这样的了解可能开始阻塞未来，更具体地说，阻塞学生作为主体的未来。这样的问题涉及教育中过多的诊断性知识，即这样的观念：在能开始行动之前我们首先需要明白"问题"是什么。这样的问题还涉及真正想要了解我们的学生的那种欲望，因为我们以为如果我们更好地了解了我们的学生，那么我们就能够更好地服务于他们。只要我们从能力的角度思考，并把作为教师的任务看成增加或增长我们学生的能力，以上想法可能都是真的，而且是可以理解的。但是当教师的任务涉及主体状态时，情况可能是相反的。过多地了解我们的学生不仅可能阻塞此时此地"不能预见为可能性"的未来，也同样会阻塞我们，作为教师，作为教育者，去开辟这样的未来，去信任不可见的事物正是可能会发生的事物。当我们不知道我们的学生是谁时，当我们不知道他们从哪里来时，当我们对他们的看法一无所知时，我们可能会恰恰以新的和想象不到的方式接近他们，且这样的方式也把他们从他们以前的负担、他们的问题的负担，以及对他们的判断的负担中解放出来。

把我们的教育努力，过紧地固定在我们学生的假定能力上，其问题在某些情况中更是成为一个"争议性问题"。在那些情况中，能力可以表述为是缺乏的事物，即在通常指称为"特殊教育"的领域中成败攸关的事物(尽管从我力图在这一章中所做的来看，人们会想知道特殊教育实际上有多"特殊")。在一篇聚焦于教育工作者——从事"标签为自闭症年轻人"的教育工作——的论文中(Hudak，2011，p.58)，格兰·赫达克(Glen Hudak)提出了这样的观点，即如果一个人把自己的教育努力直接基于这个"标签"，基于这种诊断，那么教育将仅仅能够重复已经"在那里"宣称过的事物，并且将终止于把教育和受教育者以及他们"是什么"捆绑在一起。但是，赫达克从相反的方向论证，提出只有教育者基于三个假定而行动，教育的可能性恰恰才会打开：能力假定，想象假定和亲密性假定。而且在每一种情况中，赫达克提出，让青少年以"已接受的"方式交流和建立关系，责任不在青少年身上，可以这么说；责任在教育者身上，"以便发现我们可以如何帮助那些有身体缺陷的人更好地沟通他们的经验，从而把他们纳入到讨论中来，而不是让他们依然在外围，由别人替他们说话。"(p.61)

比克伦和卡迪纳尔 (Biklen & Cardinal，1997，引用于 Hudak，2011，p.61)提出了如下观点：

> 我们并不期望读者相信这是有关信念的事情，即某些人能够做一些事情，即使他们还没有表现出能做那些事情的能力……(但是)采纳"假定能力"的概念，在教育者和研究者身上施加了责任，从而通过运用辅助或通过任何教育任务，弄

明白人如何能够更好地表现能力。

因而，"局外人"的任务，"不是为那些贴有自闭症标签的人解释世界，（而是）假定贴有自闭症标签的人是一个思考着和感觉着的人。"

（Hudak，2011，p.61）对于另外两个假定，即想象和亲密性，赫达克也提出了类似的观点，并且就这三个假定而言，他论述它们"同时"提出"一个哲学和政治的挑战"（p.66），因为它们不仅要求我们从根本上重新思考"言说""交流"和"建立关系"意味着什么，而且，通过基于这些假定而行动，也挑战了"权力的主导结构"（p.66），挑战了占支配地位的"作为人意味着什么"的定义（p.62）。赫达克做出结论，认为所有这一切不仅和"标为'丧失能力'的人"相关，而且实际上和"我们所有人"都相关（p.69），因此，这解释了特殊教育的特殊之处，可能根本没有那么特殊，至少从教学和教师的观点来看是如此。

结论：看没有显现的；不看已显现的

读者可能通过表述"教师应该对他们的学生有信心"而总结出这一章的要旨。我会对这个总结感到高兴，特别是如果我们把它与"信心的跳跃"[a leap of faith，或者如克尔凯郭尔（Kierkegaard）]所表述的：向信心的一个飞跃这个观念联系起来的话。这是在强调，拥有信心的确要求一个飞跃，而不是从我们所知道的出发，得出的一个简单的逻辑演绎。这的确是一个我已经力图提出的观点，即关于学生的主体状态的问题，教学践行为异识，教学作为与我们面前的所有证据的脱离，从而打开一个未来，使学生能在其中作为主体而存在。用朗西埃的话解读，即在学生的主体状态的基础上行动，而这打开了一个未来，学生能在其中作为主体而呈现。如果等到我们拥有了所有证据以表明学生有足够的能力，然后才去信任他们，即以他们的自由而信任他们，以他们的主体状态而信任他们，那么，我们冒了拖延时间的危险。在那样的情况中，一直要到最后，学生才可以呈现为主体，因为我们可能总是寻找更多的确信，更多我们想要确定的细节，等等。

信心的飞跃需要突破所有这一切，而这要通过反对所有证据，通过反对所有看得见的事物，通过把学生当作主体来接近而进行，因为只有这样做，某种情境才会打开，而在那样的情境中学生可以显现为他自身或可以不显现为他自身。这就是教学"运行"为异识所具有的意义；这就是把没有共同衡量标准的元素带入已存事物的状态中、带入可理解事物的现存分布格局中所具有的意义。这样做，意味着作为教师，我们把我们自己的行为，导向了此时此刻不可见的事物——学生的主体状态——而这是一件看到未显现事物的事情。同时，正如我在本章所论述的，它要求我们对已经显现的事物闭上眼睛，对试图告诉我们学生尚未准备好的"证据"，对学生过去曾不可信赖的、曾滥用我们的信任的"证据"，等等，闭上眼睛。所有那些可能是真的，所有那些可能要考虑进来，但如果我们把我们的学生仅仅联结在他或她的过去，仅仅捆绑在我们目前所知道的所有事物上，那么我们堵塞了不同未来的可能性。这就是为什么我们应该想要对我们的学生的了解有一个限度；这就是为什么教学作为异识，以我们学生主体状态为目的的教学，以某种奇特方式力图唤起学生的欲望而令其想要作为主体存在于世界的教学，实际上不应该想要知道来到我们教室的学生的任何事，或就此而言，不应该想要知道出生在我们中间的儿童的任何事。

注　释

　　[1]　注意，风险不仅仅是另一个人可以以不同方式行动的风险；以同样的姿态，我们也把自己置于风险境地，特别是在教育领域。另见我在第一章中已讨论过的关于权力、权威和教学的风险的部分。

/后 记/

把教学还给教育

在前面几章，我已经为支持教学而做了论证，为支持教学的重要 *96*
性做了论证，为支持教学的意义做了论证，甚至为支持教学的需要做
了论证。我这样做，为的是回应近来在教育理论、教育政策和教育实
践诸多方面的发展。那些发展总体上已让教学处于口碑不佳的境地。
争论的主干似乎是教学的观念最终是一种控制，其中学生被视为客体
而不是主体。和灌输活动不一样，教育对学生的自由抱有兴趣，即对
他们作为主体而存在抱有兴趣，有鉴于此，那么结论只能是教学在实
现学生自由的道路上是阻碍。

正如上面揭示的，这一思路在对所谓"传统"教学的评论中具有影
响，那样的评论已经导致了一种发展趋势，其中教师已经从"讲台上的
智者"(其本身已经是一个贬损的表述)，变为"旁侧的辅助者"，最后
成为"后排的同伴"。在最后一种身份中，教师不再与学生有所区别，

而是已经变为学习同伴(fellow learners)，成为更广泛的学习共同体的一部分。对教学作为控制所发起的评论，在关于解放教育的讨论中也具有一个角色。这可以作为主要原因之一来解释在弗莱雷克服"教师—学生矛盾"的理想中，为什么他以教育作为"教师—学生和学生—教师"的联合实践而终止。它隐藏在如下论断的背后，即尽管新马克思主义形式的多种批判教育学有着美好的愿景，但它们并不真正"让人感到(它们)赋人以力量"，因为它们仍然依赖于"去神秘化"(demystification)的强力行动。

具有讽刺意味的是，在那些看起来仍然对教学抱有兴趣的情形中，控制也是主要的话题。毕竟，最近有关教师在教育过程中作为最重要的"因素"的论断，关注的就是让这个"因素"更加有效，以便对学习结果的"生产"变得更可预测和更加保险。当下，凡是不能够有效地为这个目标添砖加瓦的教师，甚至要冒着丢掉工作的危险，其前设是把这样的工作做好，意味着让这一特定的生产循环处于"掌控之中"。相似地，"教学作为控制"这一议题在呼吁恢复教师的权威方面，以及在呼吁恢复其背后的权威本身方面，处于核心地位。因而，对恢复教师权威的呼吁，同时也是对现代社会中宣称的"权威匮乏"的更大关注中的构成部分。然而，在多半情况下，这里的关注实际上是对权力的关注，而不是对权威的关注。权力是单向性的，而权威，如前所述，总是关系性的。

在现代教育的争论中，就教学而言，这看上去是个两难处境：那些对教学有兴趣的人们并不真正对学生的自由抱有兴趣，而那些对学生的自由抱有兴趣的人们则把教学看成通向自由的障碍。这并不仅仅是关于教学和自由之联系的一个理论问题，尽管这里也存在要去解决的重要的理论议题，正如我已在前面几章试图揭示过的那样。它也并不只是当代学校教育中关于教师角色和教师身份的政治问题，虽然关于政治、政策、教学和教师也同样有重要而紧迫的议题。它可能首先是这样一种问题：它直达做一名教师意味着什么这一问题的核心，并直达作为教师而存在意味着什么这一问题的核心。毕竟，看起来那些信仰教育的人们，被迫让自己到了教室的后排，以作为学习同伴而终止，并再也不能清楚表达他们的独特责任是什么了。然而另一些人因为相信教室前台是他们的合适的安身之处和位置，所以想要待在教室前面，并且在那里他们能够理解他们作为教师的独特责任，但是，这样的人却被告知他们并不真正信仰教育，还被告知他们"过时了"。或者，(有点过于)直接地说：如果你想是进步主义的，你就不能真正地想做一名教师，而如果你想当一名教师，这只意味着你一定是(一个)保守主义者。

我看到在许多国家的实例中，以上结论似乎是仅有的"可以讨论的"两种选择。在我们接受这个结论之前，我认为考虑第三种选项的可能性是重要的，其中，教学在那种关注并导向学生自由的教育中具有重要甚至是不可缺少的角色。这样一种"支持保守主义观念"的进步主义论证旨在**把教学归还给教育**，正如我在以前的一个出版物中所写的那样(Biesta，2012b)，并且正如我在这篇后记的题目中所写的那样；有意思的是，那种我已看到多次呈现为"把教育还给教师"的愿望——

其本身可能也是重要的，但是从我的视角看，它是一个完全不同的问题和完全不同的愿望。探索这样的第三种选择，把教学和人的自由的问题重新连接起来，正是在前几章中我已经在力图做的事情。

这一努力的一个重要构成部分涉及自由问题。这解释了为什么自由问题在讨论中具有如此重要的角色，以及为什么在整本书中它以不同的面貌反复出现。通过抵抗我们可以冠名为"新自由主义的自由"的观念，即自由作为纯粹的选择这一观念，或者，用不太哲学的语言说，通过抵抗"购物自由"（freedom of shopping），通过抵抗只是追求你的欲望的自由，我已经力图为支持成熟的自由（grown-up freedom）而做出自己的论证。成熟的自由不是汉娜·阿伦特所恰恰批判的主权式自由（sovereign freedom），而是作为行动的自由（freedom-as-action，阿伦特语），是当我们力图存在于世界并与世界共在，而不是仅仅与我们自己共在时，我们所遇到的"困难的自由"（difficult freedom，列维纳斯语）。在那里，我们"遇到"这样的问题：是否我们所欲求的，是否我们"在"我们内心所找到的欲望，是将要帮助我们以一种成熟的方式存在于世界的欲望，是我们与世界共在的欲望，且在这个世界之中而无须是在世界的中心（梅里厄语）。这就是作为主体，而不是作为客体，存在于困难的"中间地带"意味着什么。

学习的主题，在第 2 章和第 3 章中具有一个突出角色。这一主题也与自由问题有所联系，但讨论它并不是为了消除学习，而是为了揭示学习仅仅是人的某一种存在可能性，仅仅是人存在的某一种方式，而且可能会有其他多种的存在可能性。其他存在可能性是我们在自己生活中应该考虑的存在可能性，因而是我们应该在教育场景中遇到的存在可能性。我还追随列维纳斯，质疑了所谓的"意指的自由"，即"学习是关于什么的"一种理解方式；一种了解、理解和掌握的行为。并且追随列维纳斯，我还提出，意指，如列维纳斯所言，总是次要于对话的；我还提出，来自他者的讲话、被他人对着说话，先于我们的"理解的形成"。

那么，教学，从这个角度看，就不再是创造那种特定空间的事情，从而让学生在其中可以**是自由的**，比如可以自由地学习，可以自由地理解，可以自由地掌握。与此不同，教学可以是关于创造另一种空间。此刻我运用了空间暗喻(关于这个观点，另见 Biesta 2006 第 5 章；以及 Biesta 即将出版的著作)在那种空间中，学生可以遭遇到他们的自由，可以遭遇到"没有别人可以代替我做"的事物(这里再引用一下列维纳斯语)。这就是为什么如果教学是以成长的自由为目的，以作为主体而不是客体的学生的存在为目的，那么教学就"运行"为异识：不(只)是建构他们的能力和本领，而是让学生面向他们的自由，面向这个不可能的可能性(impossible possibility，德里达语)，即不能**预见**为一个可能性的可能性，以及作为一个主体而存在于世界上的可能性。

以上这些对于恢复教学和重新发现教学的意义及重要性是充分的吗？对于把教学和教育的进步主义的追求目标重新连接起来是充分的吗？对于把教学还给教育是充分的吗？也许还不够充分。但是，我的确希望我的探索，会有助于更好地理解在现代教育中关于教学的地位和教师的地位这些议题究竟是什么。我也希望我的探索会鼓舞求索第三种选项的人们，从而超越"教学作为控制"和超越"自由作为学习"。我还希望我的探索会为那些相信教学是重要的人们，提供一些支持，但并不是为了支持学习结果的有效生产，而是为了支持我们"作为成熟的主体而存在"，存在于这个世界，但不是在世界的中心。

参考文献

Andreotti, V. (2011). *Actionable Postcolonial Theory in Education*. New York: Palgrave /Macmillan.

Arendt, H. (1958). *The Human Condition*. Chicago: the University of Chicago Press.

Arendt, H. (1977[1961]). *Between Past and Future: Eight Exercises in Political Thought*. Enlarged Edition. Harmondsworth /New York: Penguin Books.

Bauman, Z. (1993). *Postmodern Ethics*. Oxford: Wiley-Blackwell.

Biesta, G. J. J. (1999). Radical Intersubjectivity. Reflections on the "Different" Foundation of Education. *Studies in Philosophy and Education* 18(4), 203-220.

Biesta, G. J. J. (2004). "Mind The Gap!" Communication and the Educational Relation. in C. Bingham & A. M. Sidorkin (Eds), *No Education Without Relation* (pp. 11-22). New York: Peter Lang.

Biesta, G. J. J. (2006). *Beyond Learning: Democratic Education for a Human Future*. Boulder, Co: Paradigm Publishers.

Biesta, G. J. J. (2007). Why 'What Works' Won't Work. Evidence-Based Practice and the Democratic Deficit of Educational Research.

Educational Theory 57(1), 1—22.

Biesta, G. J. J. (2008). Pedagogy with Empty Hands: Levinas, Education and the Question of Being Human. in D. Egéa-Kuehne (Ed), *Levinas and Education: at the Intersection of Faith and Reason* (pp. 198—210). London/New York: Routledge.

Biesta, G. J. J. (2009a). Biesta, G. J. J. (2009). Good Education in an Age of Measurement: On the Need to Reconnect with the Question of Purpose in Education. *Educational Assessment, Evaluation and Accountability* 21(1), 33—46.

Biesta, G. J. J. (2009b). Pragmatism'S Contribution to Understanding Learning-in-Context. in R. Edwards, G. J. J. Biesta & M. Thorpe (Eds), *Rethinking Contexts for Teaching and Learning. Communities, Activities and Networks* (pp. 61—73). London/New York: Routledge.

Biesta, G. J. J. (2009c). What is at Stake in a Pedagogy of Interruption? in T. E. Lewis, J. G. A. Grinberg and M. Laverty (Eds), *Philosophy of Education: Modern and Contemporary Ideas at Play* (pp. 785—807). Dubuque, Ia: Kendall/Hunt.

Biesta, G. J. J. (2010a). *Good Education in an Age of Measurement: Ethics, Politics, Democracy.* Boulder, Co: Paradigm Publishers.

Biesta, G. J. J. (2010b). A New 'Logic' of Emancipation: the Methodology of Jacques Ranciere. *Educational Theory* 60(1), 39—59.

Biesta, G. J. J. (2010c). Learner, Student, Speaker. Why it Matters How We Call Those We Teach. *Educational Philosophy and Theory* 42(4), 540—552.

Biesta, G. J. J. (2010d). How to Exist Politically and Learn from it:

Hannah Arendt and the Problem of Democratic Education. *Teachers College Record* 112(2), 558—577.

Biesta, G. J. J. (2011a). The Ignorant Citizen: Mouffe, Rancière, and the Subject of Democratic Education. *Studies in Philosophy and Education* 30(2), 141—153.

Biesta, G. J. J. (2011b). Disciplines and Theory in the Academic Study of Education: A Comparative Analysis of the Anglo-American and Continental Construction of The Field. *Pedagogy, Culture And Society* 19(2), 175—192.

Biesta, G. J. J. (2012a). No Education Without Hesitation. Thinking Differently about Educational Relations. in C. Ruitenberg Et Al. (Eds), *Philosophy of Education* 2012 (pp. 1—13). Urbana-Champaign, Il: Pes.

Biesta, G. J. J. (2012b). Giving Teaching Back to Education. Responding to the Disappearance of the Teacher. *Phenomenology and Practice* 6 (2), 35—49.

Biesta, G. J. J. (2013a). Receiving the Gift of Teaching: from 'Learning From' to 'Being Taught by.' *Studies in Philosophy and Education* 32(5), 449—461.

Biesta, G. J. J. (2013b). Interrupting the Politics of Learning. *Power and Education* 5(1), 4—15.

Biesta, G. J. J. (2014). *the Beautiful Risk of Education*. Boulder, Co: Paradigm Publishers.

Biesta, G. J. J. (2015). Resisting the Seduction of the Global Education Measurement Industry: Notes on the Social Psychology of Pisa. *Ethics And Education* 10(3), 348—360.

Biesta, G. J. J. (2016). Democracy and Education Revisited: Dewey's Democratic Deficit. in S. Higgins & F. Coffield (Eds), *John Dewey's Education and Democracy: a British Tribute* (pp. 149 — 169). London: Ioe Press.

Biesta, G. J. J. (2017). *Letting Art Teach. Art Education 'After' Joseph Beuys*. Arnhem: Artez Press.

Biesta, G. J. J. (In Press). Creating Spaces for Learning or Making Room for Education? the Architecture of Education Revisited. in H. Daniels & A. Stables. Title. London/New York: Routledge.

Biesta, G. J. J. & Bingham. C. (2012). Response to Caroline Pelletier's Review of Jacques Rancière: Education, Truth, Emancipation. *Studies in Philosophy and Education* 31(6), 621 — 623.

Biesta, G. J. J. & Burbules, N. (2003). *Pragmatism and Educational Research* (Lanham, Md, Rowman and Littlefield).

Biesta, G. J. J. & Säfström, C. A. (2011). A Manifesto for Education. *Policy Futures in Education* 9(5), 540 — 547.

Biklen, D. & Cardinal, D. N. (1997). Reframing the Issue: Presuming Competence. in D. Biklen & D. N. Cardinal (Eds), *Contested Words, Contested Science: Unraveling the Facilitated Communication Controversy* (pp. 187 — 198). New York: Teachers College Press.

Bingham, C. (2009). *Authority is Relational. Rethinking Educational Empowerment*. Albany, Ny: Suny Press.

BraunmüHl, E. Von (1975). *AntipäDagogik. Studien Zur Abschaf Fung Der Erziehung*. Weinheim: Beltz.

Chambers, S. A. (2013). Jacques Rancière's Lesson on the Lesson. *Educational Philosophy and Theory* 45(6), 637—646.

Citton, Y. (2010). The Ignorant Schoolmaster: Knowledge and Authority. in J. -P. Deranty (Ed). , *Jacques Rancière: Key Concepts* (pp. 25—37). Durham: Acumen.

Cohen, R. A. (2006). Introduction. in E. Levinas, *Humanism of the Other* (pp. Vii-Xliv). Urbana and Chicago: Illinois University Press.

Counts, G. (1971). A Humble Autobiography. in R. J. Havighurst (Ed), *Leaders of American Education: the Seventieth Yearbook of The National Society for the Study of Education* (pp. 151—171). Chicago: Chicago University Press.

Critchley, S. (1999). *Ethics, Politics, Subjectivity.* London/New York: Verso.

Critchley, S. (2014). Levinas and Hitlerism. *Graduate Faculty Philosophy Journal* 35 (1—2), 223—249.

Department for Education (2010). The Importance of Teaching. the Schools White Paper 2010. London: Her Majesty's Stationery Office

Derrida, J. (1992a). *Given Time: I. Counterfeit Money*, Trans. Peggy Kamuf (Chicago & London, University Of Chicago Press).

Derrida, J. (1992b). Force of Law. The 'Mystical Foundation of Authority.' in D. Cornell, M. Rosenfeld & D. G. Carlson (Eds), *Deconstruction and the Possibility of Justice* (pp. 3—67). New York/London: Routledge.

Derrida, J. (1995). *the Gift of Death.* Trans. David Wills Chicago &

London, University of Chicago Press.

Dewey, J. (1925). *Experience and Nature*, in Jo Ann Boydston (Ed), *John Dewey. the Later Works* (1925－1953), *Volume* 1 (Carbondale and Edwardsville, Southern Illinois University Press).

Dewey, J. (1933). *How We Think. A Restatement of the Relation of Reflective Thinking to the Educative Process*. Boston, Ma: D. C. Heath and Company.

Dewey, J. (1966[1916]). *Democracy and Education*. New York: the Free Press.

Donaldson, G. (2010). *Teaching Scotland'S Future: Report of a Review of Teacher Education in Scotland*. Edinburgh: Scottish Government.

Drerup, J. (2015). Autonomy, Perfectionism and the Justification of Education. *Studies in Philosophy and Education* 34(1), 63－87.

Eagleton, T. (2007). *Ideology: an Introduction. New and Updated Edition*. London/New York: Verso.

Ellsworth, E. (1989). Why Doesn't This Feel Empowering? Working Through the Repressive Myths of Critical Pedagogy. *Harvard Educational Review* 59(3), 297－325.

Engels-Schwarzpaul, A.-Chr. (2015). the Ignorant Supervisor: about Common Worlds, Epistemological Modest and Distributed Knowledge. *Educational Philosophy and Theory* 47(12), 1250－1264.

Fabian, J. (1983). *Time and the Other. How Anthropology Makes Its Object*. New York: Columbia University Press.

Faure, E. Et Al. (1972). *Learning to Be. The World of Education To-*

day and Tomorrow. Paris: Unesco.

Fenstermacher, G. D. (1986). Philosophy of Research on Teaching: Three Aspects. In M. C. Wittrock (Ed), *Handbook of Research on Teaching (3rd Edition)* (pp. 37 — 49). New York: Macmillan; London: Collier Macmillan.

Field, J. (2000). *Lifelong Learning and the New Educational Order*. Stoke-On-Trent: Trentham.

Freire, P. (1993). *Pedagogy of the Oppressed. New, Revised 20th Anniversary Edition*. New York: Continuum.

Galloway, S. (2012). Reconsidering Emancipatory Education: Staging a Conversation Between Paulo Freire and Jacques Rancière. *Educational Theory* 62(2), 163 — 184.

Gordon, D. (2012). *Continental Divide. Heidegger, Cassirer, Davos*. Harvard, Ma: Harvard University Press.

Hallward, P. (2005). Jacques Rancière and the Subversion of Mastery. *Paragraph* 28, 26 — 45.

Halpin, D. (2003). *Hope and Education: the Role of the Utopian Imagination*, London, Routledge-Falmer.

Heydorn, H. J. (1972). *Zu Einer Neufassung Des Bildungsbegrifes [Towards a New Articulation of the Concept of 'Bildung'.]* Frankfurt Am Main: Suhrkamp.

Hodkinson, Ph. ,Biesta, G. J. J. & James, D. (2008). Understanding Learning Culturally: Overcoming the Dualism Between Social and Individual Views of Learning. *Vocations and Learning* 1(1), 27 — 47.

Hudak, G. (2011). Alone in The Presence of Others: Autistic Sexuality and Intimacy Reconsidered. in D. Carlson &. D. Roseboro (Eds), *the Sexuality Curriculum and Youth Culture* (pp. 57 — 70). New York: Peter Lang.

Ileris, K. (2008). *Contemporary Theories of Learning*. London: Routledge.

Jaeger, W. (1945). *Paideia: the Ideals of Greek Culture*. New York, Ny: Oxford University Press.

Kant, I. (1982). ÜBer Pädagogik. [On Education]. in I. Kant, *Schriften Zur Anthropologie, Geschichtsphilosophie, Politik Und Pädagogik.* [*Writings on Anthropology, The Philosophy Of History, Politics and Education.*] (pp. 691 — 761). Frankfurt am Main: Insel Verlag.

Kant, I. (1992[1784]). An Answer to the Question 'What is Enlightenment?' in *Post-Modernism: A Reader*, Ed. Patricia Waugh (London: Edward Arnold, 1992), 90.

Klafki, W. (1986). Die Bedeutung Der Klassischen Bildungstheorien Fur Eine Zeitgemasses Konzept von Allgemeiner Bildung [The Significance of Classical Theories of 'Bildung' for a Contemporary Conception of General ; Bildung.] *Zeitschrift Fur Padagogik*, 32(4), 455—476.

Klafki, W. &. Brokmann, J.-L. (2003). *Geisteswissenschaftliche Pädagogik Und Nationalsozialismus. Herman Nohl Und Seine 'GöTtinger Schule'*, 1932—1937. Weinheim: Beltz.

Kneyber, R. &. Evers, J. (Eds.)(2015). *Flip the System: Changing Education From the Bottom Up*. London: Routledge.

Komisar, P. (1968). Teaching: Act and Enterprise. *Studies in Philosophy and Education* 6(2), 168−193.

Lankshear, C. & Mclaren, P. (1994). *the Politics of Liberation: Paths from Freire*. New York: Routledge.

Levinas, E. (1969[1961]). *Totality and Infinity: An Essay on Exteriority*. Pittsburgh (Pa) & the Hague: Duquesne University Press & Martinus Nijhoff.

Levinas, E. (1985). *Ethics and Infinity. Conversations with Philippe Nemo*. Pittsburgh, Pa: Duquesne University Press.

Levinas, E. (1989). Revelation in the Jewish Tradition, in S. Hand (Ed), *the Levinas Reader* (pp. 190−211). Oxford:, Blackwell.

Levinas, E. (1990). Reflections on The Philosophy of Hitlerism. Translated By Seán Hand. *Critical Inquiry* 17(1), 62−71.

Levinas, E. (1994). *Outside the Subject*. Stanford, Ca: Stanford University Press.

Levinas, E. (2006). *Humanism of the Other. Translated by Nidra Poller with an Introduction by Richard A. Cohen*. Urbana and Chicago: Illinois University Press.

Levinas, E. (2008). Meaning And Sense, in A. T. Peperzak, S. Critchley & R. Bernasconi (Eds), *Emmanuel Levinas: Basic Philosophical Writings* (pp. 33 − 64). Bloomington, in: Indiana University Press.

Lewis T. (2012). *the Easthetics of Education. Theatre, Curiosity and Politics in The Work of Jacques Ranciere and Paulo Freire*. London/New York: Bloomsbury.

Lingis, A. (1994). *the Community of Those Who Have Nothing in Common*. Bloomington, In: Indiana University Press.

Løvlie, L. (2002). Rousseau's Insight. *Studies in Philosophy and Education* 21(4−5), 335−341.

Luhmann, N. (1984). *Soziale Systeme: Grundriß Einer Allgemeinen Theorie*. Frankfurt am Main: Suhrkamp.

Luhmann, N. (1995). *Social Systems*. Stanford, Ca: Stanford University Press.

Macmillan, C. J. B. & Nelson, T (Eds)(1968). *Concepts of Teaching*. Chicago: Rand Mcnally.

Masschelein, J. (1997). in Defence of Education as Problematisation: Some Preliminary Notes on a Strategy of Disarmament (pp. 133−149). in D. Wildemeersch, M. Finger & T. Jansen (Eds), Adult Education and Social Responsibility: Reconciling the Irreconcilable? Frankfurt & Bern: Peter Lang.

Maturana, H. R. & Varela, F. J. (1980). *Autopoiesis and Cognition: the Realization of the Living*. Dordrecht: D. Reidel Publishing Company.

Mckinsey & Co. (2007). Mckinsey Report: How the World's Best Performing School Systems Come Out on Top.

Http://Mckinseyonsociety. Com /Downloads /Reports /Education /Worlds _School_Systems_Final. Pdf (Accessed 07 /01 /15).

Mclaren, P. (1997). *Revolutionary Multiculturalism: Pedagogies of Dissent for the New Millennium*. Boulder, Co. : Westview Press.

Meirieu, P. (2007). *Pédagogie: Le Devoir De Résister*. Issy-Les-Moulineaux: Esf éditeur.

Mollenhauer, K. (1976). *Erziehung Und Emanzipation* (*6th Edition*). [*Education and Emancipation.*] MüNchen: Juventa.

Mollenhauer, K. (1986). Zur Entstehung der Modernen Konzepts von Bildungszeit. In K. Mollenhauer, *Umwege: Über Bildung*, *Kunst Und Interaktion*(pp. 68—92). Weinheim: Juventa.

Noddings, N. (2012). *Philosophy of Education. 3th Edition.* Boulder, Co: Westview Press.

OECD (2005). *Teachers Matter: Attracting, Developing and Retaining Effective Teachers.* Paris: OECD.

Pelletier, C. (2012). Review of Charles Bingham and Gert Biesta, Jacques Rancière: Education, Truth, Emancipation, Continuum 2010. *Studies in Philosophy and Eduation* 31(6), 613—619.

Peters, R. S. (1967). What is an Educational Process? in R. S. Peters (Ed),*the Concept of Education* (pp. 1—23). London: Routledge & Kegan Paul.

Priestley, M. , Biesta, G. J. J. & Robinson, S. (2015). *Teacher Agency: an Ecological Approach.* London: Bloomsbury.

Ranciere, J. (1991). *the Ignorant Schoolmaster. Five Lessons in Intellectual Emancipation. Translated and with an Introduction by Kristin Ross.* Stanford, Ca: Stanford University Press.

Rancière, J. (2003). *the Philosopher and His Poor.* Durham & London: Duke University Press.

Rancière, J. (2009).*the Emancipated Spectator.* London: Verso.

Rancière, J. (2010). On Ignorant Schoolmasters. In C. Bingham & G.

J. J. Biesta, *Jacques Rancière: Education, Truth, Emancipation* (pp. 1－24). London/New York: Continuum.

Rancière, J. (2011). Ebbing The Tide. An Interview with Jacques Rancière. in P. Bowman & R. Stamp (Eds), *Reading RancièRe: Critical Dissensus* (pp. 238－251). London: Continuum.

Richardson, V. (2003). Constructivist Pedagogy. *Teachers College Record* 105(9), 1623－1640.

Roberts, P. (2014). *the Impulse Society. What is Wrong with Getting What We Want*. London: Bloomsbury.

Rogers, G. (1969). *Freedom to Learn. A View of What Education Might Become*. Columbus, Oh: Charles E. Merrill.

Roth, W.-M. (2011). *Passability. at the Limits of the Constructivist Metaphor*. Dordrecht/Boston: Springer Science & Business Media.

Ryle, G. (1952). *the Concept of Mind*. London: Hutchinsons.

Sartre, J. P. (2007[1946]). *Existentialism is a Humanism* (Translated by Carol Macomber, Introduction by Annie Cohen-Solal, Notes and Preface by Arlette Elkaïm-Sartre). New Haven: Yale University Press.

Schaffar, B. (2009). *Allgemeine PäDagogik Im Zweispalt: Zwischen Epistemologische NeutralitäT Und Moralischer Einsicht*. Würzburg: Ergon Verlag.

Smeyers, P. & Depaepe, M. (Eds)(2006). *Educational Research: Why 'What Works' Doesn't Work*. Dordrecht: Springer.

Sonderegger, R. (2014). Do We Need Others to Emancipate Ourselves? Remarks on Jacques Rancière. *Krisis. Journal for Contemporary*

Philosophy 34(1), 53—67.

Spivak, G. (1988). Can The Subaltern Speak? in C. Nelson & L. Grossberg (Eds), *Marxism and the Interpretation of Culture* (pp. 271—313). Urbana: University Of Illinois Press.

Spivak, G. C. (2004). Righting the Wrongs. *South Atlantic Quarterly* 103(2/3), 523—581.

Stamp, R. (2013). of Slumdogs and Schoolmasters: Jacotot, Rancière and Mitra on Self-Organized Learning. *Educational Philosophy and Theory* 45(6), 647—662.

Stanley, W. B. (1992). *Curriculum for Utopia : Social Reconstructionism and Critical Pedagogy in the Postmodern Era.* Alabany Ny: Suny Press.

Thompson, A. (1997). What to Do While Waiting for the Revolution. Political Pragmatism and Performance Pedagogy. in S. Laird Et Al. (Ed), *Philososophy of Education* 1997 (pp. 189—197). Urbana-Champaign, Il: Philosophy Of Education Society.

Torgersen, G. —E. (2015)(Ed). *Pedagogikk for det Uforutsette.* [Education for the Unforeseen.] Bergen: Fagbokforlaget.

Varela, F. J. , Maturana, H. R. & Uribe, R. (1974). Autopoiesis: the Organization of Living Systems, Its Characterization and a Model, *Biosystems* 5(4), 187—196.

Yang, J. & Valdés-Cotera, R. (Eds)(2011). *Conceptual Evolution and Policy Developments in Lifelong Learning.* Hamburg: Unesco Institute For Lifelong Learning.

Zhao, G. (2014). Freedom Reconsidered: Heteronomy, Open Subjectivity, and the 'Gift Of Teaching,' *Studies in Philosophy and Education* 33(5), 513—525.

Zhao, G. (2015). From the Philosophy of Consciousness to the Philosophy of Difference: the Subject of Education after Humanism. *Educational Philosophy and Theory* 47(9), 958—969.

索引^①

---

① 本索引每个条目后所附数码为英文页码,即中文版边码。

autonomy 自主 57n,64

autopoiesis 自我再制 45-46

B

banausoi（βάναυσοι）手工劳动教育 60

banking education 存储式教育 63-65,68

"beginnings""开始"10-11

Bergsonian philosophy 柏格森派哲学 47

"being addressed" see address "被……对着说话"见 address

being-in-dialogue 在对话中存在 83

"being taught""被教"；ability 被教的能力 6n；dialogue 对话与被教 4,65；experience of 被教的经验 42,56,83；teaching vs 教学与被教 58n

Bildsamkeit 接受教育的能力与意愿（德语）88

Bildung,concept of 教化概念 60

Bildungszeit 教育时间（德语）87

bilingualism 双语 68

birth 出生 10；see also fact of natality 另见：生生不息的事实

"building up""逐渐建立"6

C

capacity for action 行动的能力 10-11

capitalism 资本主义 17,30

causality 因果律 32

certainty 确定性 84

change（temporal concept）变化（时间概念）86

child development 儿童发展 17-18,84

child,the（temporal concept）儿童（时间概念）86,88-89

child-centred education 儿童中心教育 3,61

choice 选择 4；children 儿童与选择 61；see also freedom：of choice 另见：自由：选择的自由

citizenship 公民身份 2,30；see also politics of learning 另见：学习政治

co-intentional education 联合意图的教育 67,80n；see also joint learning 另见：联合学习

commands 要求 54,81n

commodification 商业化 24

communication 交流 35,51-52,69

one-directional 单向的 41

competence 能力，胜任力 90-91；teaching beyond 超越能力的教学 90-94；presumption of 能力假定 93

comprehension 掌握，理解 23,30-31,33,40,43,46,78；learning-as 学习作为掌握 36-38,83

consciousness 意识 51,52,56；critical 批判意识 67；ideology and power 意识形态和权力 62；oppressed 压迫的权力 66；true/false 真实/虚假 74,

ness 成长 15-17；interruption 中断 17-19；power，transformation into authority 权力，转化为权威 19-20；risk of teaching 教学风险 19-20；self-destruction 对自我的摧毁 13-15；subject as subject 主体作为承受者 9-11；suspension 悬停 17-19；sustenance 维持 17-19；uniqueness as irreplaceability 独一性作为不可替代性 11-13；world-destruction 对世界的摧毁 13-15

educational work 教育的工作 17-19

education-as-emancipation 教育作为解放 74

education-as-instruction 教育作为讲授 74

Ego 自我 49，51，52

egocentricity 自我中心 16，56

egoism 自我中心主义 51

egological worldview 自我中心主义世界观 16，21n，34，43-44

ego-object 自我-客体 57

emancipation 解放 21，35，37，69-70，74，77，89；art and 艺术与解放 81n；emancipatory act 解放行动 80n；emancipatory education 解放教育 5-6，59-76，85，96；emancipatory teaching 解放型教学 79；see also freedom 另见：自由

emancipatory education 解放教育 60-76，contradictions 矛盾 61-63；education and teaching 教育与教学 71-72；liberation conception 解放概念 73；modern logic 现代逻辑 61-63；pedagogy of the oppressed 被压迫者的教育学 63-64；Rancière's emancipatory teacher 朗西埃的解放型教师 69-71；role of teaching 教学的角色 75-76；teachers 教师和解放教育 69-71；teaching conception 教学构想 73；truth conception 73 真理构想

empowerment 赋权 6，28，90，96

encountering resistance 遭遇到抵抗 13-14，16，19

Enlightenment theory 启蒙理论 60，81n

epiphany 突现 50，52，57n

epistemology 认识论 23，32

equality 平等 71-72，75，80n，89；as an assumption 平等作为一个假设 76；of intelligence 智能的平等 79，91；political project of 平等的政治任务 76，80，91；together-in 在平等中共在 79；see also inequality 另见：不平等

ethics 伦理 4，46，48-49，54；of care 关爱伦理 57n；ethical demand 伦理要求 57n；ethical encounter 伦理相遇

education 解放/解放教育 60-76；pedagogy of the oppressed 被压迫者的教育学 63-64；Rancière and Jacotot 朗西埃与雅科托 68-69；Rancière's emancipatory teacher 朗西埃与解放型教师 69-71；revolutionary leader,teacher as 革命领袖，教师作为革命领导者 66-68

imagination：presumption of 想象：想象的假定 93,94

immanence 内在性 13,15,17,46-48,52-53,55,90

imperialism 帝国主义 51,52

impossible possibility 不可能的可能性 98

impulse society 冲动社会 4,17

incapability 低能 74

incapacity 无能 91

inclusion 全纳 84

incommensurable element 不兼容元素 6,83,92,94

indoctrination 灌输 25

inequality 不平等 69,71,80n,91；see also equality 另见：平等

infantilism 幼稚主义 16-18

intellectualism 智能主义 38n；see also constructivism 另见：建构主义

intelligence 智力 70-71,73-77,81n,90-91

intelligence：equality of 智力：智力的平等 79,91

intelligent adaptive systems 智能适应系统 5,44-47,55,56

intelligibility 智能 53-54

intentionality 意向性 33

interlocution 对话 49,50,52,98

interpretation 解释 43,46,55

interruption 中断 16-20

intervention 干预 62-63

intimacy：presumption of 亲昵：亲昵假定 93,94

irreplaceability：uniqueness as 不可替代性：独一性 11-13

J

joint learning 联合学习 65；see also co-intentional learning 另见：联合意向学习

K

knowledge 知识 84；construction 建构 3；education and 教育和知识 28；role of 知识角色 6；transmission of 知识的传输 72,74,76-77

kritische Pädagogik 批判教育学（德国）61；see also critical pedagogy 另见：批判教育学（北美）

L

language and logic of learning 学习的语言和逻辑 1,5,22

reason 理性 53-54

reception 吸收/接受 31-34：processes of 吸收/接受过程 23

receptivity 自反性/反身性 33,57n

rediscovery of teaching 重新发现教学 1-2,5,22,40-58；communication 交流 51-52；criterion 准则 51-52；desire 欲望 49-50；egological worldview 自我中心主义世界观 43-44；ethics 伦理 52-54；hermeneutical worldview 诠释学世界观 44-47；intelligent adaptive systems 智能适应系统 44-47；learning environments 学习环境 44-47；liturgy 义务 49-50；need 需要 49-50；rediscovery 重新发现 54-56；revelation 启示 52-54；robot vacuum cleaners 机器人吸尘器 44-47；signification：origin of 意指的起源 47-51；traditional teaching,critique of 传统教学,对传统教学的评论 41-43；transcendence 超越 52-54

Reformpädagogik 改革教育学 61

relationships：educational 关系：教育关系 28

relativism 相对主义 48；cultural；historical 文化的；历史的相对主义 57n

resistance 抵抗 see encounter resistance 另见：遭遇抵抗

responsibility 责任 12-13,20,23,26,36,57n,64；see also ethics of subjectivity 另见：主体性伦理学

return of teaching to education 教学向教育的回归 96-98

revelation 启示 80n；paradox of 启示的矛盾 54；rediscovery of teaching 重新发现教学 52-54

revolutionary leadership 革命性领导 66-68

risk of teaching 教学的风险 19-20,95n

robot vacuum cleaners 机器人吸尘器 5,44-47,55,56

S

schooling(temporal concept) 学校教育（时间概念）86

schoolmaster's ignorance 男教师的无知 73

self-destruction 对自我的摧毁 13-15,19,20

self-expression 自我表达 15

self-subject 自我-主体 57

sense-making 理性建构 5,23,30,40,48,50,52,57n,98；see also making sense；signification 另见：建构意义；意指

signification 意指 47,52；egological 自我中心主义 57n；freedom of 意指的自由 57；learning-as 学习作为意指

图书在版编目(CIP)数据

重新发现教学/(荷)格特·比斯塔著;赵康译.—北京:北京师范大学出版社,2021.9(2024.4重印)

(教育经典译丛 / 张华主编)

ISBN 978-7-303-26978-5

Ⅰ.①重… Ⅱ.①格… ②赵… Ⅲ.①教育研究 Ⅳ.①G40—02

中国版本图书馆 CIP 数据核字(2021)第 092824 号

北京市版权局著作权合同登记号:图字 01-2018-8432

图 书 意 见 反 馈 gaozhifk@bnupg.com 010-58805079

CHONGXIN FAXIAN JIAOXUE

出版发行:北京师范大学出版社 www.bnupg.com
    北京市西城区新街口外大街 12-3 号
    邮政编码:100088

印　　刷:北京盛通印刷股份有限公司
经　　销:全国新华书店
开　　本:890 mm×1240 mm　1/32
印　　张:6.625
字　　数:150 千字
版　　次:2021 年 9 月第 1 版
印　　次:2024 年 4 月第 3 次印刷
定　　价:62.00 元

策划编辑:周益群　　　　　　责任编辑:林山水
美术编辑:李向昕　　　　　　装帧设计:李向昕
责任校对:李云虎　　　　　　责任印制:马　洁